De Oorsprong Der Soorten

Welkom in de wondere wereld der katten. De kat, aanbeden door de Egyptenaren, mocht zich als heilig wezen lange tijd in hun bewondering koesteren. Als beproefd middel om de pest onder controle te houden, gingen katten mee aan boord van een schip en verdienden de kost door graan tegen muizen en ratten te beschermen. Soms sprong een nieuwsgierige kat van boord en vestigde zich, op grote afstand van huis, in een opwindende nieuwe haven. Al snel vond ze dan ergens een paar mensen die ze kon adopteren en opleiden in de nobele kunst van de kattenverzorging. De geschiedenis van de kat kent niet alleen maar gelukkige momenten, want in de Middeleeuwen werd ze vanwege haar prachtige ogen en psychische vermogens opgejaagd door heksenvervolgers, die meenden dat de kat een verlengstuk van de duivel was.

🐈 Het duurde even voordat de kat haar naam weer gezuiverd had. Wanneer een tevreden kat loom uitgestrekt op onze schoot ligt, moeten we misschien maar dankbaar zijn dat ze niet zijn blijven stilstaan bij de manier waarop mensen ze destijds bejegenden. 🐈 Gelukkig worden katten de laatste eeuwen weer beschouwd als mooie, elegante wezens. 🐈 Naast de afstammelingen van de oude scheepskatten zijn er ook allerlei ongewone en exotische rassen, waarvan vele nakomelingen in de loop der jaren door reizigers zijn gekocht, verkocht of geruild. Alleen in Europa en Noord-Amerika zijn er al meer dan honderd rassen. 🐈 Van wat voor kat u ook houdt, elke kat groeit uit tot iemands speciale snorrende vriend. Dit boek vormt een spinnende lofzang op de kat, van zielige zwerfkatten tot bezongen bolletjes bont.

JANUARI

De Kat in de Oudheid

Onze bewondering voor katten gaat minstens 3000 jaar terug, tot het oude Egypte. Voor de Egyptenaren waren katten heilig en de kattencultus was zo sterk dat deze dieren zo'n 2000 jaar lang in de gratie bleven. Een complete stad werd aan de katten gegeven, waar een aan hun gewijde tempel stond, en er was een kattegodin die boven alle katten stond. Van de zonnegod, Ra, werd gezegd dat hij elke ochtend bij zonsopgang in een kat veranderde en zo Apep, de slang der duisternis, voor een dag verdreef. Een kat werd vaak gemummificeerd voor ze werd begraven in een van die enorme kattengraven, waar de lichamen van duizenden katten liggen, die nu vredig spinnen in het hiernamaals. De mensen bij wie de kat woonde, schoren als teken van rouw hun wenkbrauwen af.

JANUARI

Prachtige BURMESE kittens kijken naar de zon.

> O, Ra, verheven Leeuwegod, gij zijt de Grote Kat, de Wreker der Goden en de Rechter van de Woorden...
> DE 75 LOFZANGEN OP RA, CA. 1700 V.CHR.

GLOEIENDE KOOLTJES

De Egyptenaren geloofden dat katten het vuur van de zon met hun ogen absorbeerden. 's Nachts werd de zon in katteogen weerspiegeld en zolang die ogen gloeiden, zou de zon de volgende dag weer opkomen.

1

2

3

4

5

6

7

NOTITIES

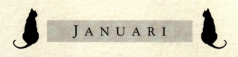 

Januari

MELK VOOR DE KAT

Als de middagthee wordt geserveerd,
  En de gordijnen worden dichtgedaan,
Komt opeens de kleine zwarte kat
  Naast de stoelen staan.

Eerst doet ze, heel achteloos,
  Alsof ze toevallig binnen kwam dwalen,
Maar ook al is de thee te laat of de melk zuur,
  Haar hoeft niemand op te halen.

Maar dan krijgen haar agaten ogen
  Een zachte gloed, melkwit en dik,
En haar quasi-nonchalante kijken
  Wordt een strakke, starende blik

Ze wast haar klauwen, of spitst haar oren,
  Of krult langzaam haar staart naar binnen,
Tot haar kleine lijf dan plots begint
  Te trillen van een luid en smekend
    spinnen.

- 8
- 9
- 10
- 11
- 12
- 13
- 14

NOTITIES

Ik ben net zo alert als een kat die room steelt.
WILLIAM SHAKESPEARE

JANUARI

De kinderen eten en joelen en lachen;
   De twee oude dames kijken naar elk.
Maar de kat krimpt ineen van verlangen,
   Smachtend naar een portie melk.

Eindelijk daalt het witte schaaltje
   Als een volle maan van de tafel neer;
Ze zucht en droomt en zindert,
   Gebiologeerd, als elke keer.

Ze buigt zich over de rand
   En doopt haar kin in de romige zee;
Haar staart hangt slap, en bij elke lik
   Beweegt hij een klein stukje mee.

Verrukking houdt haar in de greep,
   Haar wereld is eindeloos, vormloos zacht
Tot ze de laatste druppel heeft verorberd,
   Dan zakt ze weer terug in de nacht.

Ze loopt naar de grote, luie stoel
   En hijst haar slaperige lijf erin.
Ze krult zich op en spint nog even;
   Oneindig tevreden slaapt ze dan in.

    HAROLD MUNRO *(1879-1932)*

Spelende katjes

GESNOEPT VAN DE ROOM

Er bestaat niets voldaners dan de grijns van een kat die haar snuit aflikt nadat ze een schoteltje met iets heel lekkers heeft schoongelikt. Vandaar de uitdrukking 'kijken als een kat die van de room heeft gesnoept'.

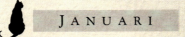 JANUARI

VELLETJE BIJ HET VUUR

Terwijl *Tabitha* bij het vuur ligt, droomt ze over jagen op vogels.

Een laaiend haardvuur, een warm kleed, kaarsen en dichte gordijnen, water opgezet voor thee en tot slot de kat aan uw voeten, die uw aandacht probeert te trekken — een tafereeltje dat iedereen aanspreekt. De kat spint en beweegt loom haar staart. Wanneer ze naar ons opkijkt, ligt er op haar gezicht een eigenaardige mengeling van de macht om vervelend te zijn en de wil om te plezieren!

Nu begint ze zichzelf te wassen, van top tot teen. Ze schijnt precies te weten wat een elegant wezen als haar toekomt en begint met haar poten schoon te likken. Vervolgens poetst ze met snelle verrukking haar hals, buigt haar kop in de richting van haar poot en sluit haar ogen, half om haar snuit beter te kunnen wassen en half van verrukking. Dan beloont ze haar pootjes met een paar extra strelingen — zie die actie van kop en hals eens, hoe mooi, de oortjes naar voren gespitst en de hals heen en weer wiegend. Tot slot niest ze even, veegt nog een keer over bekje en snorharen, en gaat dan met haar staart om haar voorpoten gevouwen op haar achterpoten zitten in een houding van minzame meditatie.

Waar zou ze aan denken? Aan haar schoteltje melk bij het ontbijt? Aan de tik die ze gisteren in de keuken kreeg voor het stelen van het vlees? Of aan haar vriend, de kater van de buren, de hartstochtelijkste serenadezinger van allemaal? Of aan haar kleintjes, die nu groot zijn en allemaal verdwenen? Is dat waaraan ze denkt als ze zo peinzend voor zich uit staart? Kent ze het edele voorrecht van verdriet dat de mens kent?

LEIGH HUNT *(1784-1859)*

Januari

- 15
- 16
- 17
- 18
- 19
- 20
- 21

NOTITIES

*Prachtige toereikendheid
van de verbeelding van een kat!
Beperkt tot de knusse cirkel
van haar eigen flanken en de
paar centimeter kleed of tapijt ernaast.*
LEIGH HUNT

JANUARI

WAT ZEGT EEN NAAM?

Een kat een naam geven, is geen eenvoudige zaak. Een kat kan geëerd worden met de meeste klassieke titel, maar weigert vaak te luisteren naar een naam die ze ongepast acht voor zichzelf.

De filosoof Jeremy Bentham was iemand die het liefst een kat als gezelschap had en hij verleende zijn vriend steeds meer titels. De kat heette in het begin Langbourne, maar werd, eenmaal volwassen, door Bentham in de adelstand verheven en Sir John Langbourne genoemd. Als Sir John was de kat een berucht verleider van pittige poezen in en om de tuin. Later werd hij een kalmere en steeds peinzender kat, die meer dan geïnteresseerd bleek in de metafysische kanten van het leven. Daarom schonk Bentham hem een doctoraat in de godsgeleerdheid. Uiteindelijk werd zijn titel The Reverend Sir John Langbourne, D.D.

*Wat zegt een naam? De bloem die we roos noemen,
Zou met een andere naam niet minder zoet geuren.*
WILLIAM SHAKESPEARE

22

23

24

25

26

27

28

NOTITIES

JANUARI

29

30

31

NOTITIES

KATJES EEN NAAM GEVEN

Drie jonkies heeft onze oude kat gekregen.
Wie weet hoe die moeten heten?

Een is gestreept met groene ogen
En heeft een lange, dunne staart.
Ze is snel beledigd, dat mag u van mij geloven
Als haar onrecht wordt aangedaan.
Ik denk dat we haar zo noemen,
Ik denk dat we haar zus noemen,
Welnu, wat vindt u van Peperbus,
Is dat geen mooie naam voor een kat?

Een is zwart met een witte bef
En pootjes van hagelwit bont.
Als u haar aait, dan steekt ze
   haar staart vol lef
Fier in de lucht en spint dat het
   bromt.
Ik denk dat we haar zo noemen,
Ik denk dat we haar zus noemen,
Welnu, wat vindt u van Aaiepoes,
Is dat geen mooie naam voor
   een kat?

Een is van lapjes, met geel en zwart
En heel veel wit op zijn lijf.
Als u hem plaagt, maakt 'ie een hoge rug;
Het is een ruziezoeker, dat staat buiten kijf.
Ik denk dat we hem zo noemen,
Ik denk dat we hem zus noemen,
Welnu, wat vindt u van Krabbelaar,
Is dat geen mooie naam voor een kat?

THOMAS HOOD (1799-1845)

FEBRUARI

Klassieke Katten

Francesco Petrarca was een 14-eeuwse Italiaanse dichter en geleerde. Hij schreef talloze sonnetten, madrigalen en liederen, en werd daarbij geïnspireerd door zijn tomeloze verlangen naar een vrouw die Laura heette. Haar rol als zijn muze is legendarisch, evenals zijn grote en blijvende liefde voor haar. Later in zijn leven trok Petrarca zich terug met een gezellin die Arqua heette en die volgens hem alleen Laura boven zich hoefde te dulden. Arqua was natuurlijk een kat.

 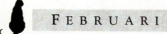 

FEBRUARI

PETRARCA'S POES

*D*e Toscaanse bard van onsterfelijke faam
Koesterde in zijn borst een tweede naam,
Even hartstochtelijk;
En toen ik zei dat ik zijn hart bezat
En Laura op het tweede plan zat,
Verdiende ik 't niet bespot te worden.

Want mijn trouw was altijd daar
En was minstens even veel waard
Als Laura's gratie en schoonheid.
Eerst inspireerde zij het dichtershart,
Maar toen 'k muizen verdreven had,
Was zijn liefde voor mij een feit.

Mijn leven lang heb ik mijn vriend,
Mijn heer, zo goed als ik kon gediend
Met klauwen en met tanden,
Dat zelfs nu ik er niet meer ben
Die brutale monsters het niet wagen
Aan een van Petrarca's verzen te knagen.

UIT HET LATIJN VERTAALD DOOR
ANTONIUS QUAERINGUS

ROMEINSE RESTEN

*S*inds de Oudheid zwerven er talloze katten door de straten van Rome. Een kat die nu in het Forum rondhangt, kan heel goed een verleden hebben om trots op te zijn: volgens overlevering keren de zielen van verdorven Romeinse keizers in kattegedaante terug naar hun voormalige paleizen van plezier.

In het oude Rome was de kat een symbool van de vrijheid.

1

2

3

4

5

6

7

NOTITIES

In februari gaan katten naar Rome.
FRANS GEZEGDE

 # Februari

Willow wacht op zijn speelkameraadjes.

VASTE VRIENDEN

Katten schijnen hun instincten zo nu en dan te kunnen overwinnen en raken bevriend met dieren die doorgaans hun vijand zijn en adopteren ze als speelkameraadje. Van honden tot eenden, ze onderdrukken hun normale reactie voor deze bijzondere vriend. In dit geval een enorme vriend...

SLURFEN EN STAARTEN

In de grote dierentuin... bleek de boezemvriend van de kolossale olifant een kat te zijn! Deze kat had de gewoonte bij de achterpoten van de olifant omhoog te klimmen en zich op zijn rug te nestelen. Met haar pootjes onder haar lichaam gevouwen bracht ze daar de hele middag slapend in de zon door. In het begin stoorde de olifant zich aan haar en zette hij haar met zijn slurf op de grond, maar onverstoorbaar klom ze weer omhoog. Ze hield net zo lang vol tot de olifant aan haar gewend was; nu zijn ze onafscheidelijk. De kat speelt vaak tussen de voorpoten of met de slurf van haar kameraad, maar als er honden aankomen, klimt ze snel naar de veiligheid van de olifantenrug. De olifant heeft onlangs verscheidene honden gedood die zijn gezellin te na kwamen.

MARK TWAIN (1835-1919)

 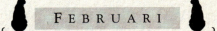 

Februari

8

9

10

11

12

13

14

NOTITIES

Wanneer *The President*
zich eenmaal comfortabel heeft geïnstalleerd,
kan niets hem van zijn bed verdrijven.

F EBRUARI

DE KAT EN DE KAKKERLAK

Mehitabel was een straatkat die vereeuwigd is in het vers (hiernaast) dat geschreven is door een literaire kakkerlak met de naam Archy. Deze typt zijn gedichten in het geheim uit door heen en weer te springen op een oude schrijfmachine.

Liggend in een beschaduwde steeg
kijkt *Orlando* naar het leven.

15
....
16
....
17
....
18
....
19
....
20
....
21
....
NOTITIES

FEBRUARI

HET LIED VAN MEHITABEL

Dit is het lied van Mehitabel
van Mehitabel de straatkat
zoals ik al eerder schreef baas
gelooft Mehitabel
in de pythagoreaanse
theorie van de transmigratie
van de ziel en beweert ze
dat haar geest vroeger
was geïncarneerd in het lichaam
van Cleopatra
dat was heel lang geleden
en ik zou maar niet verbaasd zijn
als Mehitabel ondertussen
een paar van haar koninklijker
gewoonten is vergeten

ik heb mijn ups en downs gehad
maar watdondertet watdondertet
gisteren scepters en kronen
gebakken oesters en fluwelen gewaden
en vandaag verkeer ik met geboefte
maar watdondertet watdondertet

ik wek de wereld uit haar slaap
met mijn gehuppel en gezang en gespring
en mijn woeste vrijheidslied
watdondertet watdondertet
bij het waterige licht van de maan
word ik bekogeld met viezigheid
maar watdondertet watdondertet

eens was ik een onschuldige poes
watdondertet watdondertet
met een lintje om mijn hals
met belletjes eraan
o watdondertet watdondertet
maar er kwam een kat uit Malta langs
met een duistre blik in zijn ogen
en een lied dat de hemel verschroeide
en watdondertet watdondertet
en ik liep achter hem aan door de straat
en volgde het pad van zijn ritmische gang
o sta me toe nogmaals te zeggen
wat dondertet watdondertet

mijn jeugd zal ik nooit vergeten
maar er is niets dat ik echt betreur
watdondertet watdondertet
er zit nog leven in dit ouwe lijf
toujours gai toujours gai

de dingen die ik niet mag doen
doe ik omdat ik moet
watdondertet watdondertet
en ik besluit met mijn favoriete motto
toujours gai toujours gai

ARCHY
DON MARQUIS (1878-1937)

Februari

KONING KAT

Het lijdt geen twijfel dat de kat zichzelf als de koninklijke regent van huis en tuin beschouwt. Hij zoekt een geschikte uitkijkpost, op een wankele muur bijvoorbeeld, zodat hij van een veilige hoogte de zaak kan overzien. Daarvandaan werpt de kat hooghartige blikken op pratende voorbijgangers of denkt alvast na over het vergroten van zijn territorium, dat nog wel even naar tevredenheid geregeld moet worden met zijn omwonende katachtige vrienden.

KAT AAN HET HOOFD

Ik ben de koning van al wat ik overzie,
Mijn recht daarop staat niet ter discussie.
Van het hart tot helemaal aan de zee
Ben ik heer en meester van wild dier en vee.

WILLIAM COWPER *(1731-1800)*

Albert, met lange pluimstaart en pluizige oren, heeft zo te zien alles onder controle.

Ik ben de koning van dit huis
En jij bent een lekkere vette muis!
OUD KINDERVERSJE

'Een kat kan een koning lijken'
was oorspronkelijk de titel van een 17e-eeuws politiek
pamflet, dat stelt dat we allen gelijk zijn.

Februari

- 22
- 23
- 24
- 25
- 26
- 27
- 28/29
- NOTITIES

EEN WITTE, GROTE, LENIGE KAT

Ik bezit (en zal dat nog lang doen) een witte, grote, lenige kat,
Een koning over de muizen, een vijand voor de rat,
Goede oren, en een lange staart, en klauwen levensgroot,
Die hij vaak opheft; dan blijft hij zitten met opgeheven poot,
Diep in gepeins verzonken, waarna hij mauwt en zich wast,
En later met vurige ogen de jacht op vijanden hervat.

SIR PHILIP SIDNEY *(1554-1586)*

MAART

Kerkkatten

In de 16e en 17e eeuw, toen menig arme poes werd vervolgd, had kardinaal Richelieu een kamer in zijn paleis helemaal aan zijn katten gewijd en de dieren kregen de allerbeste *foie gras* die in Frankrijk te vinden was. 🐈

Paus Pius IX en paus Leo XII voerden hun favoriete katten uit de hand. Leo XII kan heel goed de paus geweest zijn die audiëntie hield met een kat op schoot. Waarschijnlijk werd de kat minder goed door het lange gewaad van de paus verborgen dan hij dacht, want het verhaal raakte bekend. Een poot of staart die onder zijn religieuze gewaden uitstak, heeft wellicht zijn geheim verraden. 🐈 De Engelse kardinaal Thomas Wolsey schijnt in de 16e eeuw een diep gelovige kat te hebben gehad. Men zei dat de kat alle missen bijwoonde die door de kardinaal werden opgedragen. 🐈

Hoewel het gedrag van bepaalde katten nauwelijks heilig genoemd kan worden, hebben heiligen wel devote katten gehad, zoals de 16e-eeuwse heilige Philip Neri.

MAART

DE MONNIK & ZIJN KAT PANGUR

Ik en mijn witte Pangur
zijn elk gezegend met een gave:
Hij bijt zich vast in de muizenjacht,
En ik gebruik mijn eigen talent.

Boven alles houd ik van rusten
En studeren in mijn kleine boek;
Witte Pangur kent dan geen afgunst:
En houdt van zijn kinderlijk spel.

Wanneer we samen thuis zijn
—Iets wat ons nooit verveelt—,
Kennen we een eindeloos genoegen
In 't scherpen van onze geest.

Soms vangt hij, door gedurfde daden,
Een muisje of twee in zijn net,
Terwijl, helaas, mijn net zich vult
met weer zo'n lastig probleem.

Hij richt zijn scherpe, glanzende oog
Op de onderkant van de muur.
Terwijl ik mijn heldere, maar zwakke oog
Richt op de vallen van de wetenschap.

Hij springt vol vreugde op mij af
Met in zijn bek een grijze muis;
Ook ik veer vol vreugde op
Als ik een moeilijk probleem heb opgelost.

Maar ook al zijn we altijd samen,
De een die hindert de ander niet.
Een ieder van ons is diep verzonken
In zijn eigen bezigheid.

Hij is een meester in het werk
Dat hij elke dag weer doet,
Terwijl ik met mijn eigen werk
Moeilijk maak wat makkelijk was.

IERSE MONNIK UIT DE 8E EEUW

1
2
3
4
5
6
7

NOTITIES

Maart

EEN WERKELIJK ZEER MOOIE KAT

Dr. Samuel Johnson, beroemd Engels schrijver, criticus en lexicograaf, was dol op katten. Zijn biograaf James Boswell was minder verrukt van deze dieren, maar was gedwongen Johnsons troeteldier te tolereren als hij tijd met de grote man wilde doorbrengen. Boswell ergerde zich met name aan de verwende Hodge…

HODGE

Ik zal nooit het geduld vergeten dat hij voor zijn kat Hodge aan de dag legde; hij ging er persoonlijk op uit om oesters voor het beest te kopen, want hij wilde niet dat de bediende die eten voor het dier moest halen, een hekel aan hem kreeg…

Ik herinner me een dag waarop Hodge op Dr Johnsons borst ging zitten, blijkbaar uiterst voldaan, terwijl mijn vriend hem al glimlachend en neuriënd over zijn rug streelde en aan zijn staart trok. Toen ik opmerkte dat het een mooie kat was, zei hij: "Ja, dat is zo, meneer, maar ik heb katten gehad die ik liever mocht", en toen, alsof hij dacht dat hij Hodge van zijn stuk had gebracht, voegde hij eraan toe: "Maar het is een zeer mooie kat, werkelijk een zeer mooie kat."

THE LIFE OF DR SAMUEL JOHNSON

8

9

10

11

12

13

14

NOTITIES

MAART

Dat doet me denken aan de lachwekkende beschrijving die hij Mr Langton gaf van de deplorabele staat waarin een jongeman van goeden huize verkeerde. "Meneer, toen ik voor het laatst iets van hem hoorde, rende hij als een dolleman door de stad om katten af te schieten." En toen, bijna dromerig, herinnerde hij zich zijn eigen lievelingskat en zei: "Maar Hodge kan niet worden afgeschoten. Nee, nee, Hodge wordt niet afgeschoten."

THE LIFE OF DR SAMUEL JOHNSON
JAMES BOSWELL (1740-1795)

The Life of Dr Samuel Johnson *was Boswells meesterwerk. De mannen ontmoetten elkaar in een Londense boekwinkel in 1763. Misschien dat Boswells kennismaking met Johnson nooit tot iets meer zou zijn uitgegroeid als Hodge er die eerste keer bij was geweest, want Johnsons liefde voor zijn kleine vriend zou Boswell heel goed hebben kunnen afstoten.*

Zeker van de liefde van zijn eigenaar ligt *Fiddlesticks* hier aan de voet van een spar.

MAART

WREDE KATTEN

*M*oge over alle katten
Wild en tam
Gods toorn nederdalen!
Vooral over die ene
Die zo wreed het leven nam
Van mijn kleine mooie mus.

JOHN SKELTON *(1460-1529)*

ROBIN HET ROODBORSTJE

*R*obin het Roodborstje zat hoog in een boom
De kat klom erin en Robin vloog neer.
Neer kwam de kat en Robin liep weg
En riep tegen de kat: "Pak me dan als je kan!"

Robin het Roodborstje hipte op een spade,
De kat sprong hem na, en toen werd hij bang.
Roodborstje tsjilpte, en wat deed de kat?
"Mauw, mauw, mauw", zei de kat, en Robin vloog weg.

MOEDER DE GANS (CA. *1760*)

15

16

17

18

19

20

21

NOTITIES

MAART

SCHULD EN BOETE

Iedereen die een kat heeft, kent de gemengde gevoelens bij het zien van de eerste vogel die de geliefde kat trots laat zien. Alexandre Dumas had een kat die Mysouff II heette en deze at zijn hele collectie exotische vogels op. Dumas organiseerde een tribunaal, waar de kat verplicht heen moest. De gasten kregen de gevederde feiten voorgelegd. Ter verdediging van de kat werd aangevoerd dat de deur van de kooi per ongeluk open had gestaan, maar dat mocht niet baten: de arme kat werd door de gasten veroordeeld tot vijf jaar gevangenschap in de apenkooi. Gelukkig voor Mysouff kreeg Dumas kort na het tribunaal een financiële tegenslag en moest hij de apen verkopen, zodat Mysouff zijn vrijheid herkreeg.

> *Wreed, maar bedaard en vol kracht,*
> *Dom, ondoorgrondelijk en zacht,*
> *Zo had Tiberius misschien gezeten,*
> *Als Tiberius niet mens, maar kat*
> *was geheten.*
> MATTHEW ARNOLD

22

23

24

25

26

27

28

NOTITIES

MAART

DE COLLEGEKAT

In de zalen waar studentenvlijt
Elk' ochtend op wetenschaps lippen ligt,
Vastbesloten zijn dagelijkse portie wenken
Te geven,

Dreint de gewetensvolle Don
over Latijnse proza en menselijke wil,
over Aristoteles en over John
Stuart Mill,

We praten met een didactisch air:
We bespreken dit, bepraten dat:
En ondertussen sluimert op zijn lievelingsstoel
De Kat!

Want wat is nu Mill, en wat is proza
In vergelijking met eten, slaap en warmte,
Al die dingen die tezamen weer zorgen voor
Het Goede?

Hoewel uw onontvankelijke houding
in de nabijheid van de Waarheid
Geen goed voorbeeld vormt voor
De jonkheid,

Kunt gij gerust blijven slapen, o, Kat, door
Mijn van kennis zware orkanen heen.
Loop ook niet al miauwend naar
De deur.

Ik stoor uw kalme ruste niet,
Noch jaag ik u woedend weg,
Luid protesterend (hoewel niet iedereen dat
Zou laten),

Want voor mijn eigen geestesoog
Stamt gij van generaties af
Die mij toch doen denken aan een heel
Andere Don.

Een Don met een beker, zijn sociale kop,
En die eenmaal geleegd, voornamelijk zat
Opgekruld (figuurlijk gesproken),
Net als gij!

Zich verre houdend van daaglijkse strijd
En die zich zelden druk maakte
Over dingen die voor ons leven
Belangrijk zijn.

Wanneer bewegingen bewegen, laat ze dan bewegen;
Wanneer problemen woeden, laat ze dan woeden.
En schenk geen aandacht aan de Geest
Des Tijds.

Voor zo een waart gij de juiste vriend,
O, vredig gestemde viervoeter!
Maar ge leeft in plaats daarvan met
Moderne maten.

 # MAART

Met mannen die hun vitale tijd verspillen
Aan nutteloze stress en futiele woede,
En die niets moeten hebben van
Ontspanning.

Wiens pupillen nooit kalm vertrekken,
Maar elkaar verdringen in redeloze horden,
Die van de ochtend tot de avond in
Besturen zitten.

Die niet de bloem der natie plukken,
Die 's avonds leren en overdag stampen
Op onderwerpen die het beste
Lonen!

Maar gij trekt zich van dat alles niets aan.
Gij kijkt naar ons met peinzende blik
En in uw ogen ligt alleen verachting voor
De Mens.

Want gij weet als geen ander dat gij het doel
Waarnaar wij zo vol vlijt en onrust streven,
Die kalme stilte van de ziel, reeds sinds lang
Mag beleven!

ALFRED GODLEY *(1856-1925)*

Winston

29
30
31

NOTITIES

APRIL

Magie en de Maan

De kat is lang in verband gebracht met magie en mysterie. In Engeland zegt men dat een zwarte kat in huis geluk brengt. In Noord-Amerika brengt een witte kat geluk. Sommigen denken dat zwarte katten onder invloed van de maan staan en dat de pupillen van hun ogen merkbaar verwijden en samentrekken met het wassen en afnemen van de maan.

> *Kus de zwarte kat, en je wordt vet als een pad;*
> *Kus de witte kat, die maakt je dun als wat.*
> ENGELSE VOLKSWIJSHEID

APRIL

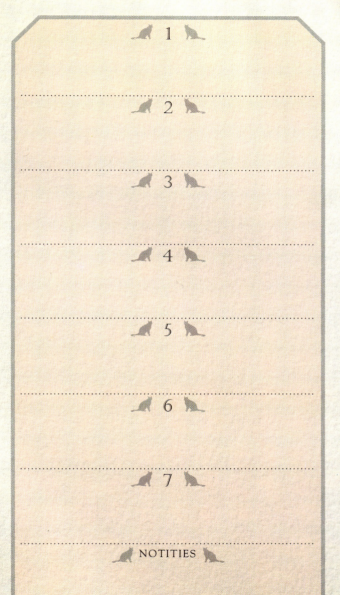

1
2
3
4
5
6
7

NOTITIES

DE KAT EN DE MAAN

De kat liep van hot naar her
  En de maan tolde om haar as
En de naaste verwant van de maan,
  De sluipende kat, keek op.
Zwarte Minnaloushe staarde naar de maan,
  Want hoe hij ook heen en weer liep
Het heldere kille licht in de lucht
  Verontrustte zijn dierebloed.
Minnaloushe rent door het gras
  En heft zijn tere poten op.
Ga je dansen, Minnaloushe, ga je dansen?
  Is er iets mooier dan te dansen wanneer
Twee verwante zielen elkaar ontmoeten?
  Misschien kan de maan,
moe van het eeuwige schijnen,
  Nog een nieuw dansje leren.
Minnaloushe sluipt door het gras
  Van maanlichtpoel naar maanlichtpoel.
De heilige maan hoog daarboven
  Is een nieuwe fase ingegaan.
Weet Minnaloushe dat zijn pupillen
  dezelfde maanfases kennen,
En dat ze soms rond, soms sikkelvormig,
  Soms sikkelvormig en dan weer rond zijn?
Minnaloushe sluipt door het gras
  Alleen, gewichtig en wijs,
En kijkt met zijn veranderende ogen
  Naar de veranderende maan.

WILLIAM BUTLER YEATS *(1865-1939)*

Woont er in huis een zwarte kat
Dan staan de vrijers in drommen op de mat.

 A P R I L

HET SLUWE KATJE

Een bijzonder hongerige vos sloop op een door de maan verlichte nacht rond een boerderij, waar hij een jong katje tegenkwam.

"Je bent maar een schamel hapje voor een hongerig dier als ik", zei hij. "Maar in deze zware tijden is iets altijd beter dan niets."

"O, eet me niet op", zei het katje. "Ik weet waar de boer zijn kazen bewaart. Kom mee, dan laat ik het je zien."

Het katje bracht de vos naar het erf, waar zich een diepe put met twee emmers bevond.

"Kijk daar maar eens in, dan zie je de kazen", zei het katje.

- 8
- 9
- 10
- 11
- 12
- 13
- 14

NOTITIES

 # APRIL

De vos tuurde in de put en zag de weerspiegeling van de maan in het water.

"Zo ga je naar beneden", zei het katje, en het sprong in de bovenste emmer. Het wiel ratelde rond en rond en het katje verdween in de diepte. Gelukkig was het katje al eens eerder naar beneden geweest, en het wist wat het moest doen. Snel klom het katje uit de emmer in het touw en klauwde zich stevig vast.

"Kun je niet een van die kazen mee naar boven nemen?" vroeg de vos.

"Nee, die zijn veel te zwaar", zei het katje. "Je moet ze zelf maar halen."

Nu zaten de twee emmers met een touw aan elkaar vast, dus als er een naar beneden ging, ging de andere naar boven. Omdat de vos veel zwaarder was dan het kleine katje, ging zijn emmer naar beneden en verdronk hij in het water, terwijl het katje lachend omhoog werd gehesen en ontsnapte.

FABELS VAN ESOPET

Het katje dat volgens de gegevens de hoogste klim heeft gemaakt, was een kitten van 4 maand oud die een groep bergbeklimmers volgde naar de top van de Matterhorn, die 4478 m hoog is.

15

16

17

18

19

20

21

NOTITIES

 # APRIL

MEUZZA EN MOHAMMED

De islamitische profeet Mohammed leefde van ca. 570-632 n.Chr. Zijn lievelingskat luisterde naar de naam Meuzza. Op een dag werd de profeet opgeroepen te gaan bidden, maar Meuzza lag nog vast te slapen op de mouw van Mohammeds mantel. In plaats van zijn geliefde kat te storen, sneed Mohammed de mouw van zijn mantel af, zodat de kat kon blijven slapen.

Later keerde Mohammed terug van zijn gebeden en toen Meuzza wakker werd, kromde hij zijn rug om zijn dankbaarheid te tonen. Mohammed streelde de kat driemaal en gaf Meuzza zo een plaats in het islamitische paradijs. Tegelijk verwierven alle katten ter wereld het vermogen om altijd op hun pootjes terecht te komen, zodat ze voor altijd waren beschermd tegen letsel na een gevaarlijke sprong.

De dromen van een kat gaan allemaal over muizen.
ARABISCH GEZEGDE

Dit prachtige tapijt is het lievelingsplekje van *Cinnabar*, een TABBYPOINT SIAMEES.

April

- 22
- 23
- 24
- 25
- 26
- 27
- 28

NOTITIES

April

TIJGERSPRONGEN EN EERSTE HERFSTEN

Kijk daar, mijn kind, daar beneden,
Wat een prachtig circusoptreden!
Kijk dat katje eens, daar op de muur,
Dat speelt met blaadjes rood als vuur.
Dorre bladeren, een, twee, drie,
Van de hoge boom die
   ik zie.
Door de stille, vorstige
   lucht
Van deze ochtend,
   zuiver en schoon,
Dwarrelen ze
   warrelend naar
     benee,
Zacht en traag: men
   krijgt het idee
Dat elf of fee elk blaadje draagt
en het veilig op de grond laat landen.
Maar het katje, zie haar eens gaan,
Duiken, strekken, roerloos stilstaan!
Eerst pakt ze één blad, dan een tweede,
Al even geel en licht als een veder;
Nu zijn er veel —nu nog maar één—,
Dan houdt het op en is er geen:
Wat een diep verlangen, zo bevlogen
Ligt er verscholen in haar ogen!
Met een tijgersprong zo mooi
Vliegt ze naar de naderende prooi,
Laat die even snel weer los, wacht,
en heeft haar dan weer in haar macht.
Nu werkt ze met drie, of met vier
Als een bedreven Indiase fakir;
Sneller dan het oog kan zien,
En ze heeft plezier voor tien.
Zou ze haar malle fratsen en toeren
Voor duizendkoppig publiek opvoeren,
Die klappen en juichen en joelen,
Hoe zou Tabby zich dan voelen?
Zou het haar iets kunnen schelen?
Tabby wil alleen maar spelen,
Dolgelukkig het genoegen smaken
Om van plezier buiten zinnen te raken!

THE KITTEN AND FALLING LEAVES
WILLIAM WORDSWORTH
(1770-1850)

 # APRIL

Wat moet het leven ingewikkeld lijken,
bekeken door de ogen van de kleine *Catkins*.

29

30

NOTITIES

> Zie je die kleine kat die zo vrolijk achter haar eigen staart aanjaagt? Als je door haar ogen kon zien, zag je misschien dat ze omringd is door honderden figuren die complexe drama's opvoeren, met tragische en komische scènes, lange gesprekken, talloze personages en de ups en downs van het noodlot.
> R. W. EMERSON

De Aard van het Beestje

Katten zijn er in allerlei kleuren, maar grijsachtig wit komt het meeste voor. Haar kop lijkt op die van een leeuw, op haar puntige oren na; haar vel is zacht en glad en haar ogen glinsteren sterk, vooral wanneer iemand haar plotseling in het oog krijgt, en in de nacht zijn ze nauwelijks te verdragen omdat ze zo gloeien. De kat is een mooi en schoon dier. Ze likt vaak haar lijf om het glad en schoon te houden (haar rug is dan ook zeer flexibel). Ze wast haar gezicht met haar voorpoten; sommigen zeggen dat als ze haar poot op de kruin van haar hoofd legt, het zal gaan regenen, en als de rug van een kat smal is, zou dat betekenen dat het beest geen moed of waarde heeft.

MEI

Het is nodeloos om uit te wijden over hoe aanhankelijk katten zijn, hoe ze iemand vleien door met hun vacht langs iemands benen te strijken, hoe ze hun zin doordrijven met hun vele stemmen; want ze hebben een stem om mee te bedelen en een om mee te klagen, een stem die hun vreugde uitdrukt en een stem die ze onder soortgenoten gebruiken om te vleien, te blazen, te spinnen en te spuwen; ja, zo veel stemmen dat sommigen denken dat katten onderling gebruik maken van een eigenaardige, begrijpelijke taal.

Ze smeken, spelen, springen, kijken, vangen, halen uit, gaan op hun achterpoten staan om draden boven hun kop te pakken, sluipen, liggen op hun buik, pakken nu eens iets met hun bek en dan weer met hun klauwen, grijpen gretig naar alles behalve de hand van een mens; met zulke verschillende sprekende acties is verzetten zinloos: het is zelfs zo dat Coelius gewoon was te zeggen dat hij, als hij niet hoefde te studeren en er geen dringender zaken op hem wachtten, zich er niet voor schaamde te spelen en zich te vermaken met een kat.

THE HISTORIE OF FOURE-FOOTED BEASTS, 1607
EDWARD TOPSELL, NATURALIST

Wat hem verbijsterde was dat katten twee gaten in hun vacht leken te hebben, precies op de plaats van hun ogen.
G.C. LICHTENBERG

1

2

3

4

5

6

7

NOTITIES

Katjes die in mei worden geboren, gedragen zich slecht.
KELTISCH VOLKSGELOOF

MEI

STREPEN EN LAPJES

De meeste huiskatten zijn gestreept. In het elizabethaanse Engeland verscheen er een nieuwe, gevlekte soort, die qua uiterlijk minder op een tijger leek dan de gestreepte, cyperse katten. Deze laatste stonden over de hele wereld bekend als favoriete scheepskat, die net als de matrozen in elke stad een liefje hadden.

8

9

10

11

12

13

14

NOTITIES

 # MEI

DRIE LAPJES

Drie lapjes kwamen met hun katten op de thee,
Ze gedroegen zich keurig en waren tevree:
Elk zat in de stoel die het lekkerste zat,
Ze mauwden om melk en sponnen als elke andere kat.
Vertel me nu maar eens, nu je alles weet,
Hoeveel levens deze katten samen hadden.

KATE GREENAWAY (1846-1901)

DE LAPJESKAT

De lapjeskat
   Zit op de mat,
Zo vrolijk als een zonnebloem;
   In haar oranje met zwart ziet ze er schitterend uit.
Wit is haar vest en roze is haar snuit,
   En haar ogen zijn als de zee zo groen.
Maar alles is voor niets,
   Want de schemer komt, en daarna de nacht,
En als het donker is,
   Zijn alle katjes grauw.
De lapjeskat
   Is dik en zacht,
En Josephine is haar naam,
   Elke dag, keer op keer
Draagt ze 'n bonte mantel,
   met ravezwart, en sinaasappelvlekken bovenaan;
Maar alles is voor niets,
   Want ook na de zonnigste dag valt de nacht,
En als het donker is,
   Zijn alle katjes grauw.

PUNCH

KLEINE KANS

De kans op een lapjeskater is tweehonderd op één. Ze zijn erg in trek bij Japanse vissers, die geloven dat ze zeelui op zee beschermen en boze geesten op afstand houden.

Men zegt dat een kat met een driekleurige vacht bescherming biedt tegen koorts en brand.

Volgens een oud Engels geloof zullen wratten verdwijnen als je er in mei met de staart van een lapjeskater over wrijft.

MEI

Jemima

Ik denk dat de kat niet te overschatten is als inspiratiebron voor de schrijver.
CARL VAN VECHTEN

15

16

17

18

19

20

21

NOTITIES

Mei

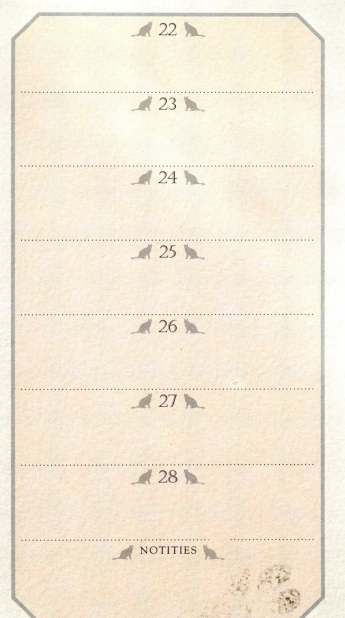

22

23

24

25

26

27

28

NOTITIES

LITERAIR NEST

Charles Dickens hield van katten en bezat een charmant exemplaar, William, een naam die werd vervangen door Wilhelmina na de geboorte van een nestje jonge katten. Wilhelmina wilde blijkbaar een goede opvoeding voor haar kroost, want ze versleepte ze van de hun toegewezen plaats in de keuken, bij de bedienden, naar de studeerkamer, bij haar baas.

Een van de katjes was doof en omdat niemand hem wilde, bleef hij en werd simpelweg de kat van de meester genoemd. De kat leerde om 's avonds, als hij er genoeg van had Dickens te zien zitten lezen, de vlam van de kaars met zijn poot te doven, waardoor verder lezen onmogelijk werd en zijn meester hem lekker onder de kin kon kriebelen.

VOORSPELLENDE INSPIRATIE

Ze komen bij de schrijver op de tafel zitten, houden zijn gedachten gezelschap en blikken hem aan met een intelligente tederheid en magische intensiteit. Het lijkt wel alsof katten de gedachte kennen die van het brein naar de pen vloeit en dat ze soms hun poot uitslaan alsof ze die gedachte onderweg willen vangen.

MEMOIRS OF BAUDELAIRE
THEOPHILE GAUTIER *(1811-1872)*

POOTJES EN PAPIER

Hij was dol op boeken, en als hij een opengeslagen boek op tafel zag, ging hij erop liggen, sloeg de randen van de bladzijden met zijn pootje om en viel na een tijdje in slaap, zodat het net leek alsof hij een goed boek had gelezen.

THEOPHILE GAUTIER *(1811-1872)*

MEI

ODE AAN DE DOOD VAN EEN GELIEFDE KAT, VERDRONKEN IN EEN KOM MET GOUDVISSEN

'*t* Was bij die hooggeplaatste vaas,
waarop China's mooiste kunst azuren bloemen
Had geschilderd, dat het gebeurde:
De bedachtzame Selima, met haar gestreepte vacht,
Die altijd zo voorzichtig was, klom omhoog
En blikte neer op 't glanzende meer.

Haar zwiepende staart verried haar plezier;
Haar ronde kopje, haar witte snor zo fier,
Haar pootjes van fluweel,
Haar vacht zo vreeslijk mooi,
Haar oortjes, haar smaragden ogen,
Ze zag, en spon goedkeurend.

Ze keek en keek, en zag opeens
Twee slanke vormen voor haar glijden:
De nimfen van de stroom.
Hun schubben blinkend in het licht,
En ook al leek de kleur rijkpaars,
Daaronder glom verraderlijk goud.

De ongelukkige nimfen zagen heel verbaasd
Een snorhaar en een klauw daarnaast,
En schoten pijlsnel weg.
Ze reikte tevergeefs naar die begeerde prijs.
Welk vrouwenhart kan goud weerstaan?
Welk katje laat een vis nu staan?

Aanmatigend dier! Opnieuw rekte ze
Zich uit, en boog voorover
Zonder het gevaar te zien.
(Het noodlot keek, en glimlachte zacht.)
Haar pootjes glibberden van de rand,
Ze tuimelde zo het water in.

MEI

Acht keren kwam ze boven.
Mauwend naar elke watergod
Om haar toch snel te helpen.
Geen dolfijn dook echter op,
geen nereïde die er kwam:
Noch wrede Tom, noch Susan hoorde.
Een schat, die toch geen vrienden had!

Vandaar, gij schoonheden onaangeraakt.
Weet dat een fout niet snel is hersteld,
En pas vooral goed op.
Niet alles wat uw blikken raakt,
uw domme harten treft, is prijs.
Niet alles wat er blinkt, is goud.

THOMAS GRAY *(1716-1771)*

*De kat wil niets liever dan een visje smaken,
maar ze heeft er een hekel aan haar voeten nat te maken.*
OUDE ZEGSWIJZE

*Een oude kat
drinkt
net zo veel melk
als een jonge.*
ENGELS GEZEGDE

29

30

31

NOTITIES

JUNI

Een Huiselijke Ervaring

De victoriaanse kunstenaar en schrijver Edward Lear, beroemd om zijn nonsenspoëzie, had een groot zwak voor zijn poes Foss. Toen Lear naar San Remo verhuisde, maakte hij zich zorgen over de gevolgen die de verhuizing voor Foss kon hebben, dus gaf hij opdracht een huis te ontwerpen dat een exacte kopie was van zijn vorige huis, zodat de Floss niet al te overstuur zou raken. Foss bereikte de hoge leeftijd van 17, ondanks de verhuizing.

JUNI

DE UIL EN DE POES

De uil en de poes gingen samen naar zee
In een prachtige groene boot,
Ze namen wat krenten, en ook heel veel centen,
En deden die in een kokosnoot.
De uil keek droog naar de sterren omhoog,
En zong bij een kleine gitaar:
"O, liefste poes, O, poesje, mijn lief,
Je bent een echte hartedief,
Hartedief
Hartedief!
Je bent een echte hartedief!"

De poes zei tot de uil: "O, jij mooie vogel!
Wat kun jij wonderschoon zingen!
O, laten we trouwen, en een nestje bouwen:
Maar hoe doen we dat met de ringen?"
Ze zeilden een jaar, en toen was het daar:
Het land waar de bongoboom groeit;
En daar in het bos stond een albatros
Met een ring door een gat in zijn snavel,
Zijn snavel,
Zijn snavel,
Met een ring door een gat in zijn snavel.

"Heer Tros, bent u bereid voor een kleinigheid
Te scheiden van uw ring?" "Gewis", zei de albatros,
Dus namen ze die op slag en trouwden de volgende dag
Bij de kalkoen die wel wist hoe dat moest.
Ze dineerden met puree en schijfjes kwee,
Die ze aten met een vork van banaan;
En hand in hand, op de rand van het strand,
Dansten ze saam bij het licht van de maan,
De maan,
De maan,
Dansten ze saam bij het licht van de maan.

EDWARD LEAR (1812-1888)

1

2

3

4

5

6

7

NOTITIES

JUNI

KAT EN THEATER

Een zwarte kat die tijdens een première opduikt in het theater, brengt geluk. Misschien hebben veel theaters daarom wel een huiskat, die geknuffeld wordt door bezoekende sterren in de hoop dat hij op het juiste moment opduikt.

Sommige katten staan graag in de schijnwerpers; andere verblijven liever in de coulissen, waar ze muizen vangen. T.S. Eliot stond erop dat zijn kat Asparagus (Gus voor intimi) tijdens de opvoering van zijn stukken de toneeldeur bewaakte.

Het Adelphi-theater in Londen bezat een kattetweeling, Plug en Socket. Ze marcheerden tijdens repetities door de zaal en stimuleerden de acteurs. Als de voorstelling eenmaal bezig was, stopten ze hier mee; ze verdwenen zodra het publiek verscheen bij de voorstelling die tot dan toe exclusief voor hen was opgevoerd.

8 ....
9 ....
10 ....
11 ....
12 ....
13 ....
14 ....

NOTITIES

JUNI

Wonderland
ADELAIDE CLAXTON (creatieve periode *1859-1879*)

De kat is bovenal een theatrale figuur
MARGARET BENSON

15

16

17

18

19

20

21

NOTITIES

JUNI

Robbie, de CORNISH REX, kijkt gespannen omhoog. Krijgen we regen?

WAARSCHUWINGSSIGNALEN

Katten staan bekend om hun vermogen allerlei natuurlijke verschijnselen als onweer te voorspellen. Ze schijnen een vulkaanuitbarsting of aardbeving te kunnen voorvoelen. Een kat maakt dit duidelijk door zich uiterst opgewonden te gedragen. Wat aardbevingen betreft, zijn er verhalen over katten die wegschieten uit gebouwen die even later instorten. Er zijn zelfs verhalen bekend over moederkatten die hun kroost in veiligheid brengen nog voordat de mensen in de gaten hebben dat er wat te gebeuren staat.

Als de kat haar oren wast, gaat het zeker regenen.
OUD GEZEGDE

Zit een kat met de rug naar het vuur, Dan is er storm op komst en een winter heel guur.

JUNI

22

23

24

25

26

27

28

NOTITIES

Goede waarnemers kunnen (met grote zekerheid)
Voorspellen wanneer de regen dreigt;
Dreigt er een bui, dan zal de wijze kat niet langer
Spelen en springen, maar zal ze haar staart laten hangen.

JONATHAN SWIFT *(1667-1745)*

Juni

MIJN KAT JEOFFREY

Ik zal mij om mijn kat Jeoffrey bekommeren.
Want hij is een dienaar van de levende God, en hij doet elke dag trouw zijn plicht.
Want hij prijst de eerste blik op de glorie van God in het oosten op zijn manier.
Want hij doet dat door zijn lichaam zevenmaal op elegante wijze te rekken.
Want dan springt hij op om de rat te vangen, de beloning van God voor zijn gebed.
Want hij rolt haar trots om en om en werkt haar weg.
Want na zijn plicht en zijn beloning begint hij aan zichzelf.
Want hij doet dit in tien stappen.
Want ten eerste kijkt hij of zijn voorpoten schoon zijn.
Want ten tweede gaat hij op zijn achterste zitten om zich daar te wassen.
Want ten derde bewerkt hij zijn poten met zijn gespreide voorklauwen.
Want ten vierde scherpt hij zijn nagels aan hout.
Want ten vijfde wast hij zichzelf.
Want ten zesde rolt hij zich om en wast zich.
Want ten zevende ontvlooit hij zichzelf, zodat hij niet gehinderd wordt als hij zijn ronde doet.
Want ten achtste wrijft hij zijn lijf tegen de paal.
Want ten negende kijkt hij omhoog voor aanwijzingen.
Want ten tiende gaat hij op zoek naar voedsel.
Want nu hij God en zichzelf heeft gediend, gaat hij zijn buren dienen.
Want als hij een andere kat ontmoet, zal hij haar vriendelijk kussen.
Want wanneer hij een prooi vangt, speelt hij ermee om die een kans te geven.
Want een op de zeven muizen ontsnapt tijdens zijn spel.
Want wanneer de dag voorbij is, begint zijn werk pas goed.
Want op last van God waakt hij in het duister tegen het kwaad.
Want hij bestrijdt de machten der duisternis met zijn elektrische huid en zijn gloeiende ogen.
Want hij bestrijdt de duivel, die de dood is, door het leven aan te wakkeren.
Want in zijn ochtendgebeden bemint hij de zon en de zon hem.
Want hij behoort tot de stam van de tijger.
Want de cherubijnkat is een naam van de engeltijger.
Want hij is even subtiel en geslepen als de slang, die hij in goedheid overtreft.
Want hij vernietigt niet, als hij goed gevoed is, noch bijt hij zonder provocatie toe.
Want hij spint in dankbaarheid wanneer God hem zegt dat hij een goede kat is.
Want hij is een instrument waarop kinderen weldadigheid leren.
Want geen huis is zonder hem compleet en geen zegen is begeesterd zonder hem.
Want de Heer beval Mozes zich om de katten te bekommeren bij het vertrek van de kinderen van Israël uit Egypte.
Want elke familie had minstens één kat in de bagage.
Want de Engelse katten zijn de beste van Europa.
Want hij is de schoonste viervoeter die zijn voorpoten gebruikt.
Want de lenigheid van zijn verdediging is een voorbeeld van de grote liefde die God hem toedraagt.
Want hij onderscheidt zich het meest van alle dieren. Want hij is volhardend.
Want hij is een mengeling van ernst en jolijt.
Want hij weet dat God zijn Verlosser is.
Want er is niets zoeters dan zijn aanblik in ruste.
Want er is niets vrolijkers dan zijn aanblik in beweging.
Want hij is een van de armen van de Heer en daarom wordt hij door eeuwige genade geroepen — arme Jeoffrey!
Arme Jeoffrey!
De rat heeft je gebeten!
Want ik prijs de naam van de Here Jezus opdat Jeoffrey beter wordt.
Want de goddelijke geest daalt in hem neer om hem kracht te geven.
Want zijn tong is uitzonderlijk zuiver, zodat hij in zuiverheid vindt wat hij in muziek zoekt.
Want hij is gehoorzaam en kan bepaalde dingen leren.
Want hij kan opzitten tegen de zwaartekracht in, en dat is volharding van goedkeuring.
Want hij kan iets pakken en dragen,
en dat is volharding
van dienen.

JUNI

Want hij kan over een stok springen, en dat is volharding van
positief bewijs.
Want hij kan op commando zijn staart zwaaien.
Want hij kan springen tot aan de borst van zijn meester.
Want hij kan de kurk vangen en weer opgooien.
Want hij wordt gehaat door de hypocriet en de vrek.
Want de eerste is bang voor ontdekking.
Want de tweede weigert de kosten.
Want hij zet een hoge rug op als hij het ernstig meent.
Want hij is goed om bij te denken, als een man zichzelf goed wil
uitdrukken.
Want hij was een groot wezen in Egypte om zijn voorspellende
gaven.
Want hij doodde de Ichneumon-rat, die het land grote schade
toebracht.
Want zijn oren zijn zo scherp dat ze prikken.
Want hierdoor flitst zijn aandacht zo snel heen en weer.
Want door hem te strelen, heb ik de elektriciteit ontdekt.
Want door hem ontving ik Gods licht in was en vuur.
Want het elektrische vuur is de spirituele substantie die God uit
de hemel zendt om de lichamen van mens en dier te
versterken.
Want God heeft hem gezegend met een veelheid aan
bewegingen.
Want, ook al kan hij niet vliegen, hij is een voortreffelijk
klimmer.
Want zijn bewegingen op het aangezicht van de aarde zijn meer
dan van welke viervoeter ook.
Want hij kan lopen op alle maten van de muziek.
Want hij kan zwemmen voor zijn leven.
Want hij kan sluipen.

JUBILATE AGNO (VREUGDE IN HET LAM)
A SONG FROM BEDLAM
CHRISTOPHER SMART *(1722-1771)*

29

30

NOTITIES

*God schiep de kat opdat de mens het
genoegen mocht smaken de leeuw te
strelen.*
FERNAND MERY

JULI

Politieke Dieren

Tom Quartz, de eerste kat die het Witte Huis betrad tijdens de regering van president Theodore Roosevelt, was genoemd naar een fictieve kat die bedacht was door kattenliefhebber Mark Twain. John F. Kennedy's dochter Caroline bracht de volgende kat in het Witte Huis in de vorm van Tom Kitten. President Bill Clinton bracht ook een balletje bont mee en hield de traditie in stand.

Als een kruising tussen mens en kat mogelijk was, zou de mens erop vooruit gaan, maar de kat achteruit.
MARK TWAIN (1835-1910)

In Engeland bezat Winston Churchill in WO II een kat die geheime oorlogsvergaderingen bijwoonde.

JULI

GEEN SLAPENDE KAT WAKKER MAKEN

Roosevelt had later een kat die Slippers heette. Deze had gewoonte dagenlang te verdwijnen en dan op het verkeerde moment weer op te duiken. Slippers zou een keer een dutje hebben gedaan middenin een gang waardoor een groep hoogwaardigheidsbekleders naar de eetzaal werd geleid. Roosevelt leidde de statige groep met een bocht om de slapende kat heen, liever dan dat hij de sluimer van zijn lievelingskat verstoorde.

MIAUWS UIT HET WITTE HUIS

Tom Quartz is beslist het slimste katje dat ik ooit heb gezien. Hij haalt voortdurend streken uit met Jack en ik ben bang dat Jack iets terug zal doen als de kleine te ver gaat. Onlangs waren ze allebei in de bibliotheek — Jack lag voor het vuur te slapen en Tom Quartz schoot links en rechts door de kamer, het speelse beestje, anders kan ik hem niet noemen...

Mr Cannon, een zeer plechtige, oudere heer met bakkebaarden, die beslist niet speels oogt, kwam op bezoek. Hij is een goede vriend van me en we zaten tot zo'n uur of elf te praten over de lijn die we bij de vergadering moesten volgen. Toen hij vertrok, liep ik met hem mee tot de trap. Hij was ongeveer halverwege de trap toen Tom Quartz aan kwam lopen, zijn pluizige staart recht omhoog. Hij zag Mr Cannon de trap afdalen, kwam tot de conclusie dat hij een speelkameraad was die ontsnapte en stoof achter hem aan, waarna hij hem bij zijn been greep zoals hij bij Archie en Quentin doet als ze verstoppertje met hem spelen...

EEN BRIEF AAN ZIJN DOCHTER, 6 JANUARI 1903
THEODORE ROOSEVELT

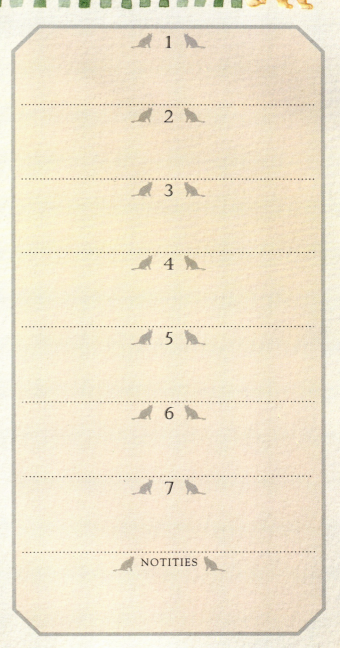

JULI

DE SLUWE KAT

Bij de schepping van de dieren kwam de kat voor haar sterkere verwant, de leeuw. Toen de pas geschapen leeuw arriveerde, kreeg de kat tot taak het onhandige dier te onderwijzen. Ze moest de leeuw gaan omvormen tot een behendig dier. Ze liet hem zien hoe hij moest springen, hoe hij moest jagen en hoe hij ongezien door het gras van de pampa moest sluipen. En ten slotte, toen de leeuw alle trucjes had geleerd, nam ze hem mee op jacht en liet hem zien hoe hij moest doden.

De leeuw, die trots was op zijn kunnen en sterker was dan welk dier ook, besloot de opgedane kennis in praktijk te brengen. Helaas viel zijn keuze op de kat, zijn vriendelijke leermeester. De leeuw, die zich al haar lessen herinnerde, besloop haar en sprong onverwacht op haar af, klaar om te doden.

De slimme kat had echter rekening gehouden met het feit dat de leeuw op een dag zijn kracht zou willen meten met haar kleinere, zwakkere gestel. Er was dan ook één les die ze de leeuw niet had geleerd en dat was hoe hij in een boom moest klimmen. Op het moment dat de leeuw sprong, stoof ze een boom in en zocht een goed heenkomen op de takken, want ook al was ze kleiner dan de leeuw, ze was wel ouder en wijzer.

OUD ARABISCH VERHAAL

Pandora kijkt gespannen toe, klaar om bij het eerste teken van gevaar de boom in te vluchten.

JULI

Het woord 'beest' zou alleen gebruikt mogen worden voor leeuwen, luipaarden, tijgers, wolven, vossen, honden, apen en andere dieren die met tanden en klauwen vernietigen — met uitzondering van slangen. Ze worden beesten genoemd vanwege het geweld waarmee ze jagen, en 'wild' (*ferus*) omdat ze van nature gewend zijn aan vrijheid en worden beheerst (*ferantur*) door hun eigen wensen. Ze zwerven van hot naar her, zo vrij als een vogel, en ze gaan en staan waar ze willen.

12E-EEUWS BESTIARIUM
VERTAALD DOOR T.H. WHITE

Een getergde kat kan zo woest worden als een leeuw.
ENGELS GEZEGDE

8

9

10

11

12

13

14

NOTITIES

JULI

KINDERVERSJES OVER KATTEN

Ik hou van mijn kleine poes, met haar warme vacht,
Ik doe haar geen pijn, en ook zij is voor mij heel zacht;
Ik trek niet aan haar staart en duw haar niet naar buiten.
We samen spelen, mijn poes en ik, twee kleine schavuiten.

MOEDER DE GANS (CA. 1760)

Poezekat, poezekat, met je witte pootjes
Zeg wanneer je trouwen gaat, dan kom ik met broodjes.
Het bier moet gebrouwen, het brood moet gebakken,
Poezekat, poezekat, kom toch niet te laat.

OUD VERSJE

Poesje Mole sprong over een kool,
En in haar mooie rokje zat toen een gat.
Arm poesje moest huilen — ze krijgt nu geen melk
Totdat haar rokje met zijde is gemaakt.

OUD VERSJE

15

16

17

18

19

20

21

NOTITIES

 # JULI

22
....

23
....

24
....

25
....

26
....

27
....

28
....

NOTITIES

Poezekat zit bij het vuur,
Hoe zou het met haar gaan?
Daar komt de kleine hond,
Zegt: "Poesje, ben je daar?
Hoe gaat het, juffrouw Poes?
Juffrouw Poes,
hoe gaat 't er toch mee?"
"Ik dank je vriendelijk, kleine hond,
Mij gaat het even goed als jou."
OUD KINDERVERSJE
MOEDER DE GANS
(CA. 1760)

JULI

Buiten klauwt *Grimalkin* zich als een wilde tijger aan een boom vast.

> Katten kunnen twee of meer levens tegelijkertijd leven. Thuis doen ze net of ze uit hun krachten gegroeide jonge katjes zijn en hangen met kinderlijke onzekerheid aan hun menselijke bazen. Eenmaal buiten leiden ze een heel ander leven en wordt de tamme streepjeskat een wilde tijger.
>
> JOHN THOMPSON

ZIELIGE ZWERVERS

Zielige zwervers staan erom bekend dat ze zelf nieuwe huizen en mensen uitkiezen, waar ze volgens hen ruimschoots liefde en aandacht krijgen. Daarbij hechten ze zich vaak aan even zwerflustige menselijke zielen. Helaas kunnen sommige het vrije leven nooit helemaal opgeven, zoals blijkt uit het dagboek van een kat hiernaast...

 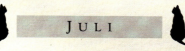 

JULI

29

30

31

NOTITIES

Zaterdag:
Ik ben gisteren de hele middag en avond in het huis van een jong meisje geweest, dat ik achterna gelopen was omdat ze een zak met vis bij zich had. Het huis waar het kind woonde, was bijzonder warm en gezellig, en ik rolde me op voor het brandende haardvuur en maakte mezelf lief en zacht, terwijl ik ondertussen de voordelen van zo'n thuis overwoog.

Toch moet ik ooit eens van iemand zijn geweest. Ik kan me strelingen herinneren en de geur van zachte stoffen, gedragen door een vriendelijk persoon die liefde en genegenheid voor me voelde. Ik herinner me ook heel vaag de aanblik van tere witte handen, die me knuffelden, en de warmte en zoetheid van een borst waartegen ik werd gedrukt. Ik weet niet hoe ik gescheiden ben geraakt van die prettige omstandigheden, maar het is lang geleden en het maakt geen deel meer uit van mijn huidige bestaan, want nu wordt ik rusteloos tussen vier muren, en na een kort verblijf bij een vriendelijke ziel hoor ik de lokroep van de straat — een lokroep die me weghaalt van gezelligheid en overvloed, een lokroep naar de opwinding en geheimzinnigheid van een zwervend bestaan. Na een verrukkelijk maaltje, bestaande uit custardvla en koude lever, lag ik te doezelen op de schoot van het meisje toen ik opeens een stem hoorde, of dacht te horen, die me riep; en een oud verlangen naar een eenzame, uitgestrekte vlakte, naar de Woestijn der Daken, naar stille straten, overviel me. Ik dacht aan de onbestemde goten die zich uitstrekken in eenzaamheid en duisternis. En de oude, spookachtige honger, het sterke verlangen naar buiten te gaan op zoek naar iets, nam me in bezit. Ik sprong van de schoot van het meisje en liep de deur uit die naar de straat leidde.

DAGBOEK VAN EEN KAT
EDWINA STANTON BABCOCK

AUGUSTUS

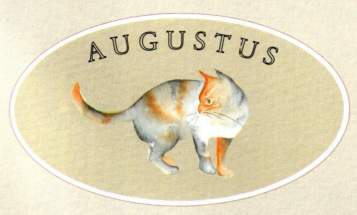

Oude Katten

De oude kat ligt verscholen in een favoriete stoel, en u ziet hem nauwelijks als u de kamer betreedt. Het gehavende kussen is door het jarenlange gebruik precies daar ingedeukt waar de kat het graag heeft. 🐈 Het is amper voor te stellen dat deze sluimerende kat, die traag een stijve poot strekt, eens als jong katje ronddanste. Niet langer veert hij bij het minste geluid op en zijn lome ademhaling dompelt de kamer in rust. 🐈 Mensen lopen stil om hem heen, als jonge studenten die steels langs een oude professor sluipen die even is weggedoezeld. Een oude kat is een wezen dat respect verdient. 🐈

 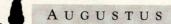 

AUGUSTUS

1
2
3
4
5
6
7

NOTITIES

*Een oude kat drinkt
net zo veel melk als een jonge.*
ENGELS GEZEGDE

OP MRS REYNOLDS KAT

Kat! De grootse overgang voorbij,
Hoeveel muizen en ratten hebt ge in uw dagen
Vernietigd? Hoeveel hapjes gestolen? Kijk me aan
Met die heldere, vloeibare poelen groen
en steek
Die fluwelen oren op —maar ik smeek
u, steek niet
Die rustende klauwen in mij— en
laat horen
Uw zachte mauw — en vertel me al
uw dromen
Over vissen en muizen, en ratten en
zoete kip.
Nee, kijk niet weg, noch lik uw sierlijke poot,
Want ook al piept uw adem —en ook al
ontbreekt
Het puntje van uw staart— en ook al hebben
de vuisten
Van menige meid u menige klap gegeven,
Toch is uw vacht nog even zacht als toen de
lusten
Van de jeugd u dreven naar een met glas bezette
muur.
                    JOHN KEATS *(1795-1821)*

Schud de slaap van u af, oude kat,
En ga met veel gegaap en gerek
Op zoek naar liefde.

ISSA *(1763-1827)*

Augustus

HOE HONDEN, KATTEN EN MUIZEN VIJANDEN WERDEN

Heel lang geleden, toen honden, katten en muizen nog gebroederlijk samenleefden, vroegen de honden aan de katten om op bepaalde belangrijke documenten te passen tot ze die kwamen halen.

De katten keken naar de stapel papieren en dachten bij zichzelf: Waarom zouden we op die oude rommel moeten letten? Laten we de muizen vragen op deze vreemde schat te passen; dat is echt een klusje voor hen. Zo gezegd, zo gedaan, en de muizen beloofden een oogje op de documenten te houden.

Ondertussen werd het winter, een heel strenge winter. De kleine muizen beefden van honger en kou. In hun wanhoop begonnen ze aan de oude documenten te knagen. Die bleken helemaal zo slecht nog niet te smaken. Dus knaagden en knabbelden ze aan de beste stukjes en scheurden de slechte stukken in kleine snippertjes, tot geen van de documenten meer heel was.

Op een dag keerden de honden terug. Omdat ze hun documenten terug wilden, gingen ze naar de katten. Maar de katten zeiden: "We dachten dat het veiliger zou zijn ze aan onze vrienden, de muizen, te geven, maar we halen ze wel even voor jullie."

Speelse dieren van B. COBBE

 AUGUSTUS

Zo gezegd, zo gedaan. Maar in plaats van documenten troffen de katten alleen maar snippers papier aan. De katten waren woedend. Ze zwoeren alle muizen te doden die hun pad zouden kruisen. Toen de honden het slechte nieuws hoorden, werden ook zij woedend en begonnen de katten achterna te jagen, en vanaf die tijd zijn ze dat blijven doen.

POOLS VOLKSVERHAAL

Laat Hercules doen wat hij niet laten kan,
De kat zal mauwen en de hond viert feest.
WILLIAM SHAKESPEARE

8

9

10

11

12

13

14

NOTITIES

 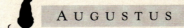 

AUGUSTUS

OP EEN KAT

Nelly, me dunkt, tussen jou en mij
  Bestaat een zekere sympathie:
En konden we van aard ruilen
  —Zou ik een kat zijn, jij een mens—
Dan zou ik, net als jij, geen goede jager zijn,
  En jij, net als ik, geen groot componist.
Want net als met jouw klaaglijk gemiauw, mijn muze,
  Heeft het lot niets op met verachtelijk gejank,
En gaf me geen klanken even glad en zuiver
  Als het gouden dons op Cupido's wang.
En toch lig jij daar op je rug,
  Languit als een slak, soms ook knus opgerold,
Alsof je helemaal niet lelijk bent.
  En ik, die in poëtische buien
Soms klaag over slaaploze nachten,
  Ik, die niet let op de zon aan de hemel
En in staat ben te soezen tot ver na elven —
  De wereld zou even goed blijven draaien
Als ze mij hingen en jou verdronken;
  Met als enig verschil, dat is waar,
Dat jij het niet beseft, maar ik toch wel.

HARTLEY COLERIDGE *(1796-1849)*

EEN STATIGE VRIEND

Statige, minzame, verheven vriend
  Neergedaald
Om hier bij mij te zitten, en uw
  Stralende ogen die lachen en branden,
Gouden ogen, beloning der liefde,
  Te richten op het gouden blad dat ik lees.

Die hele heerlijke weelde bestaand uit haar,
  Donker en schoon,
Zijdezacht pluizend, zacht en glanzend,
  Terwijl de wolken en stralen van de nacht,
Strelend over mijn eerbiedige hand,
  Gaan met vriendlijker tederheid.

TO A CAT
ALGERNON C. SWINBURNE
(1837-1909)

Rivalen
CHARLES BURTON BARBER *(1845-1894)*

AUGUSTUS

15

16

17

18

19

20

21

NOTITIES

De kat maakt zichzelf tot gezel in uw uren van eenzaamheid, melancholie en zware arbeid.
THÉOPHILE GAUTIER

 **AUGUSTUS**

- 22
- 23
- 24
- 25
- 26
- 27
- 28

NOTITIES

KATTIGE CONVERSATIES

Als gezelschap zijn ze superieur aan mensen. Ze twisten of kibbelen niet met u. Ze praten nooit over zichzelf, maar luisteren toe terwijl u over uzelf spreekt en doen net alsof het onderwerp hen interesseert. Ze maken nooit stomme opmerkingen. Ze staren nooit naar Miss Brown over de tafel heen en zeggen dat ze altijd dachten dat ze erg gesteld was op Mr Jones (die net met Miss Robinson is getrouwd). Ze begaan nooit de vergissing de neef van je vrouw voor haar man aan te zien en te denken dat jij haar schoonvader bent. En ze vragen een jonge auteur met 14 tragedies, 16 komedies, 7 kluchten en een paar burlesken op zijn naam nooit waarom hij geen stuk schrijft.

Ze zeggen nooit onaardige dingen. Ze wijzen ons nooit op onze fouten, 'natuurlijk voor ons eigen bestwil'. Ze zullen ons nooit, op ongepaste momenten, vriendelijk herinneren aan de fouten en dwaasheden die we in het verleden hebben begaan. Ze zeggen niet: "O, ja, aan jou heb ik echt wat" — sarcastisch bedoeld. Ze zeggen nooit tegen ons, zoals onze geliefden soms doen, dat we lang niet meer zo aardig zijn als vroeger. Voor hen blijven we altijd dezelfde.

JEROME K. JEROME *(1859-1927)*

 # AUGUSTUS

Alleen degenen die de moeite hebben genomen de kat te verzorgen en te bestuderen, kunnen beseffen wat een buitengewoon intelligent en ontvankelijk wezen hij is.
MICHAEL JOSEPH

29

30

31

NOTITIES

Wat probeert *Red* u te zeggen,
terwijl hij u strak aankijkt?

SEPTEMBER

Kat en Muis

Ze wordt muizenvanger genoemd omdat ze dodelijk is voor muizen. Het gewone volk noemt haar CATU omdat ze dingen vangt (*a captura*), terwijl anderen zeggen dat dat is omdat ze ligt te wachten (*captat*), d.w.z. omdat ze 'loert'. Ze heeft zo'n ontzettend scherpe blik dat haar ogen de schaduwen van de duisternis doorboren met een lichtstraal. Vandaar uit het Grieks het woord 'catus', oftewel 'scherp'.

12E-EEUWS BESTIARIUM
VERTAALD DOOR T.H. WHITE

Jacob, altijd even alert, houdt de wacht.

SEPTEMBER

'K' is voor papa's grijze kat
Die een keer een piepmuis ving.
Ze trok haar aan haar lange staart
Door 't hele huis het kleine ding.

EDWARD LEAR (1812-1888)

Neem een kat en geef hem melk in overvloed,
  Malse hapjes en een bed van zij, dat doet hem goed
Maar als hij bij de muur een muis ziet gaan,
  Laat hij melk en hapjes staan,
En gaat met vuur en gretigheid
  Op jacht naar deze heerlijke
  muizemaaltijd.

GEOFFREY CHAUCER (1345-1400)

De kat met ogen van
brandend steenkool,
duikt nu ineen
voor 't muizenhol.
WILLIAM SHAKESPEARE

1

2

3

4

5

6

7

NOTITIES

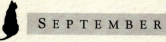

September

DE CHESHIREKAT

Ze schrok een beetje toen ze de Cheshirekat vlak in de buurt op een boomtak zag zitten.

De kat grijnsde alleen toen hij Alice zag. Hij ziet er wel vriendelijk uit, dacht ze, alleen heeft hij wel erg lange nagels en een heleboel tanden, en daarom besloot ze hem met respect te behandelen.

"Geachte poes", begon ze, enigszins bedeesd, omdat ze niet wist of hij het prettig vond zo te worden aangesproken; zijn grijns werd echter alleen nog een beetje breder. Nou, tot nu toe gaat het goed, dacht Alice, en ze vervolgde: "Kunt u mij misschien vertellen welke kant ik uit moet gaan?"

"Dat hangt er maar vanaf waar je naar toe wilt", zei de kat.

"Het kan me niet schelen waarheen —", zei Alice.

"Dan doet het er ook niet toe welke kant", zei de kat.

"— zolang ik maar ergens terechtkom", voegde Alice er voor de duidelijkheid aan toe.

"O, je komt altijd wel ergens", zei de Kat, "als je maar lang genoeg loopt."

Een uitleg van de uitdrukking 'grijnzen als een Cheshirekat' is dat in het graafschap Cheshire vroeger kaas werd verkocht in de vorm van een grijnzende kat.

September

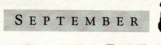

Alice begreep dat daar niets tegenin te brengen viel, en daarom probeerde ze iets anders. "Wat voor soort mensen wonen hier?"

"Die kant uit", zei de kat, en hij wees met zijn rechterpoot, "woont een hoedenmaker en die kant uit", hij gebaarde met zijn andere poot, "woont een maartse haas. Het maakt niet uit bij wie je terechtkomt, ze zijn allebei gek."

"Maar ik heb helemaal geen zin om naar gekke mensen te gaan", merkte Alice op.

"O, daar is niets aan te doen", zei de kat. "We zijn hier allemaal gek. Ik ben gek. Jij bent gek."

"Hoe weet u dat ik gek ben?" zei Alice.

"Dat moet wel," zei de kat, "anders zou je hier niet zijn."

Alice vond dit geen erg sterk bewijs, maar desondanks vervolgde ze: "En hoe weet u dat u gek bent?"

"Om te beginnen", zei de kat, "een hond is niet gek. Ben je dat met me eens?"

"Ik denk van wel", zei Alice.

"Welnu," vervolgde de kat, "een hond gromt als hij boos is en zwaait met zijn staart als hij blij is. Ik daarentegen grom als ik blij ben en zwaai met mijn staart als ik boos ben. Daarom ben ik gek."

"Ik noem dat spinnen, niet grommen", zei Alice.

ALICE IN WONDERLAND
LEWIS CARROLL (1832-1898)

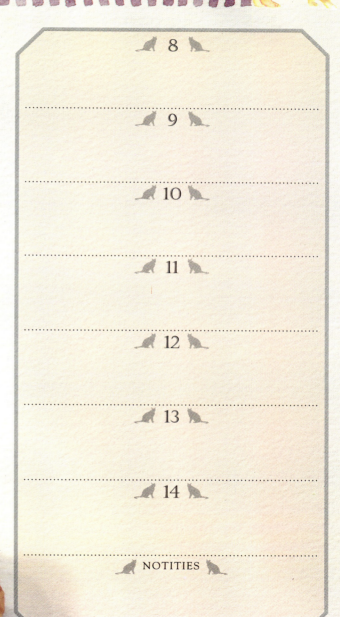

- 8
- 9
- 10
- 11
- 12
- 13
- 14

NOTITIES

September

- 15
- 16
- 17
- 18
- 19
- 20
- 21

NOTITIES

VENUS EN DE KAT

Een kat werd verliefd op de knapste man die ze ooit had gezien. Na een tijdje hield ze het niet langer uit. Ze smeekte de godin Venus om haar gedaante te veranderen, zodat de man haar als mens zou beminnen. Venus stemde in met dit ongewone verzoek en de kat veranderde in een gracieuze, beeldschone vrouw met prachtige groene ogen.

De man werd verliefd op de mooie vrouw en smeekte haar zijn bruid te worden. Ze stemde toe en ze trouwden meteen. In de huwelijksnacht lagen ze samen in bed toen Venus besloot de katvrouw aan een test te onderwerpen. Ze wilde weten of de kat haar innerlijk had aangepast aan haar uiterlijk en daarom zette ze een muisje in het midden van de kamer.

De kat vergat op slag dat ze een vrouw was. Ze sprong uit bed en begon tot afschuw van haar geliefde jacht te maken op de muis, met de bedoeling die te verslinden.

Venus was zo teleurgesteld over dit gedrag dat ze de vrouw weer veranderde in een kat, met de woorden dat de natuur zich niet door de cultuur laat verslaan.

FABELS VAN ESOPET

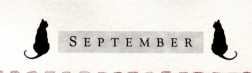

SEPTEMBER

Princess wacht op haar eten.

22

23

24

25

26

27

28

NOTITIES

 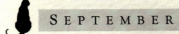 

LIEF WEZEN

De kat

Lief wezen bij de open haard,
  Vreemd idool, zo goed en zacht,
Miraculeuze poes! Met teedre hand
  streel ik je donzen vacht,

Ik blik in je starende ogen,
  En vraag me dromerig af
Welk mysterie ligt verscholen
  Achter dat glanzende groen.

Een verrukkelijke betovering
  Valt over de portalen van mijn ziel;
Dwalend door reusachtige zalen
  Adem ik weeldrige wierook in.

Een zuivere bries, een warme wind
  Omplooit me, en mijn verbaasde oog
Begroet een keizerlijke maan
  Die troont in een transparante
hemel heel hoog.

Ik ken deze noordkust niet,
  en het vreemde is dat jij hier bij mij bent,
En ik, die eens te meer een kat blijk
  Volg de vrouw die jij eens was.

Met opgeheven staart en trotse tred,
  Trotser dan enig poes ooit trad,
Loop ik door struikgewas en rankende bogen,
  Ongenaakbaar als een god,

Langs menig alabaster tree
  Van luisterrijke schaduwtrappen,
Terwijl hoog boven ons de nacht
  Mysterieus glanst en schittert!

LYTTON STRACHEY *(1880-1932)*

Katten lijken het principe aan te hangen dat het nooit kwaad kan te vragen om wat je wilt.
JOSEPH WOOD KRUTCH

 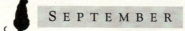

SEPTEMBER

King verraadt zich alleen door zijn
witte snorharen en witte pootjes.

29

30

NOTITIES

OKTOBER

Huiskatten

Een huis wordt pas een thuis als er een of twee katten op de mat liggen. Of de kat des huizes nu binnen of buiten is, hij heeft het vermogen het hele huis te vullen met een katachtige sfeer. Als je aan het eind van de dag naar huis gaat, heb je nooit sterker het gevoel weer 'thuis' te zijn dan wanneer je door een tevreden huiskat wordt begroet.

De kat is het enige huisdier dat geen kuddedier is. Hij wordt in toom gehouden door zijn buitengewone gehechtheid aan de gemakken van het huis waarin hij opgroeit.
FRANCIS GALTON

Ik houd van katten omdat ik van mijn huis houd, en stukje bij beetje worden zij de zichtbare ziel ervan.
JEAN COCTEAU *(1889-1963)*

 # OKTOBER

DE KAT DES HUIZES

Ik zit met mijn zwakke ogen bij het vuur te mijmeren
Totdat
De laatste vlam dooft.
Elk muizenhol,
Elk krekelpad
Heb ik geroken.
Ik voelde
Het zachte schuiven van de vermolmde sparren,
En hoorde
Elke vogel in 't struikgewas.
Ik zie
Jou,
Nachtegaal hoog in de boom.
Ik, afkomstig uit een ras van vreemde dingen,
Van woestijnen, grote tempels, grote koningen,
In het hete zand waar de nachtegaal nooit zingt!

FORD MADOX FORD (1873-1939)

EEN KAT

Ik heb een kat,
die speelt rond mijn huis,
Dik en rond geworden
door menige muis.

ROBERT HERRICK (1591-1674)

Een huis zonder kat en een weldoorvoede, welverzorgde en passend vereerde kat zijn mogelijk voor elkaar geschapen, maar hoe kan hij zijn naam waarmaken?

MARK TWAIN (1835-1910)

1

2

3

4

5

6

7

NOTITIES

Oktober

DE RATTENVANGER EN DE KATTEN

De ratten gingen elke nacht zo tekeer,
Dat Betty tierde, elke ochtend weer.
Ze kauwden alle spek op, heel tevree,
Vraten kaas aan en namen koeken mee,
Pasteien van de allerfijnste vulling,
werden leeggegeten, alsof het om niets ging.
Betty vervloekte de kat om zijn luiheid,
Waarvan zij de dupe was, arme meid.
Een bekend jager werd gehuurd
Om 't groeiende kwaad te stoppen.
Kamer voor kamer ging hij op zoek
Naar holen en naar gangen
En zet op die plaats een hinderlaag.
Maar wanneer de nacht weer is gekomen
Loopt een jaloerse kat door 't hele huis
Het spoor van de rattenvanger na.
Ze wist dat het succes van de jager
De ondergang van 't spinnend ras zou zijn.
Dus verwijderde ze 't lokaas in 't geniep
In elke val waar ze tegenaan liep.
Opnieuw plaatste hij zijn giftige eten,
En weer haalde ze het weg als ze niet keken.
Welke onverlaat waagt het om elke nacht
Mijn plannen zo in het honderd te sturen?
Woedend riep hij uit dat nog deze nacht
De schurk moest boeten voor zijn daad.
Met die woorden zette hij een grote val,
En de poes werd gevangen toen ze 't eten stal.

Gluiperd, zei hij, ik zal je laten boeten
Voor wat je me hebt aangedaan.
Mauwend smeekte de kat om haar leven,
Of hij haar alsjeblieft haar vrijheid weer wilde geven.
Ik ben een bondgenoot tegen de ratten,
Wij dienen een gemeenschaplijk belang.
De brutaliteit! antwoordde de man
Moet de kat onze jacht verpesten als ze kan?
Als jullie bemoeizuchtige beesten
Werden uitgeroeid of verbannen,
Zouden wij rattenvangers ons loon verhogen
Als enige bewakers van 's lands kazen!
Een andere kat, die 't mes boven de kat zag zweven,
Sprak aldus, en redde haar zusters leven:
Altijd en overal zien we hetzelfde,
Twee van één vak worden het nooit eens.
De een haat d'ander met zijn diepste wezen;
Ridder haat ridder die hem zijn landerijen niet wil geven,
Schoonheid en schoonheid vechten zij aan zij
De een bekladt de ander, en is dan blij
En ook koningen pogen koningen te onttronen
Omdat ze zichzelf met de hele wereld willen belonen.
Maar laat ons onze eisen beperken.
Laat ons niet twisten als ridders en koningen!
Want ook al jagen we dezelfde prooi achterna,
Er zijn ratten genoeg voor ons saam.

JOHN GAY (1685-1732)

OKTOBER

- 8
- 9
- 10
- 11
- 12
- 13
- 14

NOTITIES

KATTEN EN RATTEN

Katten waren lange tijd superieure rattenvangers. Het was vroeger in Engeland de gewoonte om een nieuw huis te voorzien van een afbeelding van een kat en een rat. De kat werd in een positie afgebeeld waarin hij de rat besprong, en de bouwers van het huis geloofden dat dit het huis zou beschermen tegen een invasie van ratten, hoewel een levende kat misschien effectiever zou zijn geweest.

*Als de kat van huis is,
komen de ratten te voorschijn.*
CHINEES GEZEGDE

 # OKTOBER

- 15
- 16
- 17
- 18
- 19
- 20
- 21

NOTITIES

DE KAT

In de portiek aan de overkant,
Zie ik twee vurige ogen in de nacht.
Twee ogen die zich nimmer sluiten,
En onderzoekend naar me kijken.

Maar katten zijn me vreemd, zo vreemd,
Ik slaap niet in de buurt van een kat.
En ook al zie ik dan die ogen
Ik twijfel of er wel een lichaam is.

W.H. DAVIES *(1871-1940)*

In het donker zijn alle katjes grauw.
OUD GEZEGDE

 # Oktober

EEN BEROEP OP KATTEN INZAKE DE LIEFDE

Jullie katten, die elkaar 's nachts liefde toeblazen,
Weten precies wat een hartstochtelijk minnaar voelt,
Ik doe een beroep op jullie schrammen en gehavende vacht:
Laat de zaak van de liefde niet meer zijn dan gespin.
De oude Lady Grimalkin met haar kruisbesogen
Zei tegen een jong katje, waarop ze trots was:
Je zult wel merken dat de liefde snel over is,
Poes! Poes! verandert rap in een del van een kat.
Mannen rijden mijlenver,
Katten klimmen huizenhoog,
Beide riskeren hun nek in de liefde;
Alleen komen katten, wanneer ze vallen
Van huizen en van wallen,
Altijd op hun pootjes terecht,
likken hun wonden en zijn weg!

THOMAS FLATMAN
(1635-1688)

22

23

24

25

26

27

28

NOTITIES

 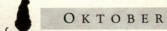 

Oktober

KATTEN BETRAPT

Zo af en toe veroorzaakt een poes een chaos door iets ongepast te doen. In het geval van de 17e-eeuwse dichter Thomas Master was de zonde in kwestie het geknaag en gekauw van zijn kat op zijn kostbare luitsnaren.

OP SNAREN ETENDE KATTEN

Zijn dit de snaren waarvan dichters beweerden
   Dat ze de Ayre ruimden en menigten bekeerden?
Wolven betoverden en hoog in de bergen
   De bossen lieten dansen door herten en beren?
Kunnen deze losse flarden die u ziet
   Een luit van ivoor inspireren of niet,
En haar laten zingen? O, bedenk eens wat
   Voor wandaad is gepleegd door mijn kat,
Die, in het holst van de nacht,
   Deze snaren heeft beknauwd en beknaagd
En de restanten van zijn daad
   Voor mij achterliet.
Poes, ik vervloek u; moge u snel belanden
   In kluizenaars handen,
Hier zijn geen muizen en geen ratten,
   Hier kunnen hongerige vliegen de slaap niet vatten;
Of bij een monnik in het klooster, waar
   Gij elke sabbat moet gaan vasten,
Of waar men u, heiden, zal hangen op maandag
   Voor het verschalken van een muis op zondag.
Of moge u van een toren storten naar benee
   En niet op uw vier poten landen, dat doet wee,
En maak een val die u zo heel plots
   Acht van uw negen levens kost.
Of moge de nachtelijke sintels vol kracht
   Schroeien uw fraaie vacht,
Of wellicht kan Jane u treffen met haar wraak
   Wanneer ze u aantreft bij haar kaas.
Was er soms in 't hele huis vannacht
   Geen rat of muis te vinden,
Zodat die arme snaren van mijn luit
   uw wraakvolle klauwen moesten ondervinden?
Heeft uw gevoelige maag dan niet gemerkt
   Dat gij u voedde met uw eigen soort?
Denk daar maar eens aan, gij kannibaal en katcycloop,
Of dat wel is zoals het hoort.
Want weet, gij schuim, dat elke snaar
   Gemaakt is van een kattedarm, echt waar.
De darm gesponnen tot een draad; en wat als Dunstan,
   Die eens aan de duivel heeft geroken,
Die snaren weer tot leven wekt, zoals hij kan
   En eerder deed met 't kalf uit witte beendren;
Of als ik, om u te straffen voor uw zond',
   Een cirkel zou trekken op de grond,
En u zou bezweren, want ik ben, zoals ge weet,
   Een geleerde van Oxford, die zulke machten heeft.
Dan zou ik met drie stapels kaarten,
   Zeven vreemde woorden en een narrenpak
Duizend tovertrucjes doen, die ik heb gelezen
   Bij Faustus, Lambe en Fryar Bacon:
Ik zou mijn snaren roepen, waar ze ook waren
   Mijn allerliefste kattedraden,

OKTOBER

En ze zouden antwoorden, ze zouden mauwen,
    Spinnen en krols krauwen
Uit uw poezebuik. En het staat vast
    Dat poes een wereldwonder worden zou;
Poes zou door koningen worden gehaald
    In ruil voor een vogel of een paard.
Poes zou door iedereen worden bezocht
    Als was ze een wijze vrouw in katgedrocht.
Poes zou door het hele land worden gedragen
    Van stad tot stad, tot in de lengte van dagen,
Om net als een kameel of olifant
    Bekeken te worden in heel 't land.
Poes zou bezongen worden
    In slechte balladen,
Op alle markten en overal thuis
    Door alle mensen, goeden en kwaden.
De met goud overladen Brittan zou zijn lied
    Vergeten, en ze zingen saam
dat Merlijn —die reeds lang is vergaan—
    Is teruggekeerd in een beest met negen levens.
Dus, poes, ge ziet wat ik zou kunnen doen,
    Maar ik zoek niet echt naar wraak,
Want wellicht was 't u droef te moede
    En zocht u niet meer dan vermaak,
En was het vinden van mijn snaren
    Een troost voor uw droef gemoed.
Als dat zo is, is dit mijn wraak:
    Zoals gij op mijn snaren hebt gespeeld,
    speel ik met u,
En omdat ook uw aanraking ruw en grof was,
    Heb ik deze woorden erg woest neergekrast.

      THOMAS MASTER *(1603-1643)*

29

30

31

NOTITIES

Een Communicatieve Kat

De intelligentie van Calvin kende zijn weerga niet onder zijn gelijken. Hij was in staat zijn wensen nauwkeurig over te brengen en kon zichzelf in veel opzichten redden. In de kamer waar hij altijd heen ging, stond een fornuis met een schuif, die hij openzette als hij meer warmte wilde. Hij sloot de schuif echter nooit, en deed ook de deur niet achter zich dicht... 🐈 Ik weet niet of ik over zijn vermogen tot vriendschap en zijn aanhankelijke karakter zal spreken, want dat vond hij niet prettig. We begrepen elkaar volkomen; als ik zijn naam zei en met mijn vingers knipte, kwam hij naar me toe; wanneer ik 's avonds thuiskwam, wachtte hij me op bij het hek, en dan stond hij op en slenterde langs het pad alsof zijn aanwezigheid puur toeval was — zo verlegen was hij in het tonen van zijn gevoelens. 🐈

MY SUMMER IN A GARDEN
CHARLES DUDLEY WARNER *(1829-1900)*

NOVEMBER

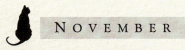

1
2
3
4
5
6
7

NOTITIES

In moeilijke tijden troost *Suki* de mensen door te spinnen en liefdevol te kijken.

Katten hebben de verontrustende gewoonte zonder woorden onze gevoelens te kennen. Een favoriete kat zal altijd weten waar hij nodig is en zich behaaglijk op de schoot van een ongelukkig mens nestelen. Daar blijft hij tot het onophoudelijke geluid van zijn spinnen zelfs de zorgelijkste gedachten uit de mensengeest heeft verdreven.

 # NOVEMBER

SPELLETJES EN VERMAAK, ZOALS LEZEN BIJ DE HAARD, BRIEVEN SCHRIJVEN EN KLEINE HUISHOUDELIJKE REPARATIES

Bonny en *Clyde* zijn na het spelen met de bal aan een dutje toe.

De bovenstaande activiteiten zijn niet die van jou, maar van hen, en je mag ze niet toestaan, tenzij je zelf iets beters hebt te doen. Deelneming van je mensen aan het bovenstaande mag alleen met jouw verlof en toestemming. Maak voor eens en altijd duidelijk dat ze absoluut niet mee mogen doen aan deze activiteiten als jij om aandacht vraagt. Onder 'spelletjes' verstaan we scrabble, domino, schaken, dammen (vroeger ook mah-jong), kaartspelen, pingpong, badminton etc.

Elke beschaafde huiskat moet weten hoe en wanneer het spel te onderbreken. Het heeft bijvoorbeeld geen zin om een spelletje scrabble in het beginstadium te onderbreken. Ze schuiven je eenvoudig aan de kant, en als je volhoudt, zetten ze je uit de kamer. Zo'n aanpak verraadt niet alleen gebrek aan opvoeding, maar ook een gebrek aan inzicht in de psychologie van de mens, iets wat voor een huiskat een ernstige tekortkoming is. De juiste methode is te wachten tot het speelbord bijna vol ligt. Spring dan op het bord en mauw zo suikerzoet als maar mogelijk is; schuif de letterblokjes opzij en ga je middenop het bord zitten wassen.

THE SILENT MIAOW
PAUL GALLICO *(1897-1976)*

DE SPEELSE POES

We zijn de mens rechtvaardigheid verschuldigd, en dienen andere wezens die het waard zijn, genade en vriendschap te betonen; er is een zekere omgang en wederzijdse verplichting tussen hen en ons... Als ik met mijn kat speel, wie weet dan of ik haar een groter plezier doe dan zij mij? We vermaken elkaar met ons spel. Als ik het recht heb met spelen te beginnen of niet te spelen, heeft zij dat ook.

LORD MICHAEL MONTAIGNE
(1533-1592)

NOVEMBER

Deze mooie RAGDOLL-poesjes
zijn dol op klauteren en spelen.

*Zie! Wat heeft onze kat een
monsterachtige staart!*
HENRY CAREY

8

9

10

11

12

13

14

NOTITIES

 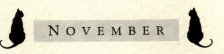 

November

DE KAT VAN DE KAPITEIN

In vroegere dagen zou geen schip zijn uitgevaren zonder een of twee katten aan boord, die moesten voorkomen dat de muizen de graanvoorraad opaten.

DONDERDAG, 11 JULI 1754

Een uiterst tragisch ongeval vond vandaag plaats. Terwijl het schip met volle zeilen voer, maar zoals zal blijken niet erg opschoot, viel een jong katje uit de patrijspoort in het water. Meteen werd de kapitein, die aan dek was, gealarmeerd, en hij hoorde het nieuws uiterst bezorgd aan en uitte bittere vloeken. Hij gaf de stuurman bevel om het arme diertje, zoals hij het noemde, te gaan redden: de zeilen werden gestreken en alle hens, zoals de uitdrukking luidt, werden aan dek geroepen om te helpen. Ik moet toegeven dat dit alles mij bijzonder verraste, niet zozeer de ongewone tederheid van de kapitein als wel het feit dat hij een redding mogelijk achtte, want ik meende dat de poes verloren was, al had ze negenduizend in plaats van negen levens gehad. De bootsman dacht er blijkbaar anders over, want hij had inmiddels zijn jas, bretels en hemd uitgedaan en sprong onverschrokken in het water om na een paar minuten tot mijn stomme verbazing naar het schip terug te keren met het roerloze diertje in zijn mond. Het katje lag nu op het dek, blootgesteld aan lucht en zon, en iedereen vreesde dat er geen leven meer in het beestje zat... Maar misschien heb ik al te ijverig geprobeerd de tedere gevoelens van mijn lezers met deze vertelling op te roepen. Ik zou het mijzelf nooit vergeven als ik dit verhaal besloot zonder de lezers de voldoening te geven te horen dat het katje uiteindelijk herstelde, tot grote vreugde van de kapitein.

A VOYAGE TO LISBON
HENRY FIELDING (1707-1754)

15

16

17

18

19

20

21

NOTITIES

NOVEMBER

- 22 ....
- 23 ....
- 24 ....
- 25 ....
- 26 ....
- 27 ....
- 28 ....

NOTITIES

De scheepskat bracht de zeelui geluk. Als de kat in een speelse stemming aan de reis begon, was dat een goed voorteken: de komende reis zou vlot verlopen. Een kat die geërgerd leek voor de reis begon, kon duiden op een moeilijke reis. Als een kat overboord viel, was er beslist storm op komst, en daarom probeerden zeelui koste wat kost te voorkomen dat een kat in zee belandde.

Hoe warm het vuur in de kajuit ook is, hoe nat het dek ook, hoe regen- en stormachtig het weer, als de kapitein aan dek is, moet de kat bij hem zijn.
ELINOR MORDAUNT

NOVEMBER

DE ZWERVERS

Kattenliefhebbers uit de hele wereld kunnen zich vast wel één keer herinneren dat hun kat was verdwenen en onvindbaar bleef. Als hun hart dan bijna gebroken is, duikt de kat opeens weer op, zonder iets los te laten over waar hij is geweest, maar goed duidelijk makend dat zijn terugkeer dient te worden gevierd met speciale hapjes.

Poezekat, poezekat, waar zat je toch?
Ik heb de koningin gezien aan 't hof.
Poezekat, poezekat, wat deed je daar?
Ik heb er de muizen bang gemaakt, echt waar.

MOEDER DE GANS (CA. *1760*)

OOST WEST, THUIS BEST

Twee jaar geleden ontdekte de rechtmatige bezitster van deze kat dat ze zijn gunsten moest delen met drie andere gezinnen in de buurt. Elk gezin dacht dat zij de eigenaars van de kat waren. De kat verdeelde zijn tijd met zorg en prijzenswaardige eerlijkheid en kwam dagelijks langs voor een hapje of dutje. Toen zijn ontrouw bekend werd, werd er ter ere van hem een feestje georganiseerd op het plein, dat naar ik vrees alleen maar duidelijk maakt hoezeer wij een geslaagd bedrog bewonderen.

TOWN CATS
JOHN WEBB

Net als mannen zijn katten vleiers.
WALTER SAVAGE LANDOR

NOVEMBER

29

30

NOTITIES

Waar Hurlyburlybuss vandaan kwam, was een mysterie voor degene die vertrok uit het Land der Meren. Hij dook hier op, net als Mango Gapac in Peru en Quetzalcohuatl tussen de Azteken, en niemand weet waar hij vandaan kwam. Hij maakte kennis met alle kattenliefhebbers van de familie — hij hechtte zich vooral aan Mrs Lovell, maar deed nooit een poging het huis in te gaan, verdween vaak dagenlang, en sinds mijn terugkeer zelfs een keer zo lang dat men aannam dat hij dood was en daar oprecht om treurde. Het was een grote vraag waar hij in die tijd uithing — en van wie hij was, want noch ik op mijn dagelijkse wandelingen, noch de kinderen of een van de bedienden hebben hem ooit ergens anders gezien dan op ons eigen terrein.

BRIEF AAN ZIJN DOCHTER *(1824)*
ROBERT SOUTHEY *(1774-1843)*

Corker, de NOORSE BOSKAT, weet hoe hij de aandacht moet trekken.

DECEMBER

Zalige Dromen

KATTEN HEBBEN ALTIJD afgunst opgewekt. Hun baasjes benijden vaak de hoeveelheid tijd die ze aan slapen besteden en het gemak waarmee ze indutten. Een slapende kat kan een kamer een vredige sfeer geven. Maar waar dromen katten van? Een trekkende klauw en een vreemd, laag gerommel rijst op uit het sluimerende bundeltje. Misschien een droom over onbeperkte room en lekkere vis. Of wordt de arme poes achtervolgd door de hond van de buren?

Katten zijn tere wezens die aan tal van kwalen kunnen lijden, maar ik heb nog nooit van een kat gehoord die aan slapeloosheid leed.
JOSEPH WOOD KRUTCH

 # DECEMBER

- 1
- 2
- 3
- 4
- 5
- 6
- 7

NOTITIES

GEEN SLAPENDE KATTEN WAKKER MAKEN

De kat van een dichter, bezadigd en serieus,
Zo'n kat zou zeker zijn een dichters keus,
Was ronduit verslaafd aan het onderzoeken
Van rustige, donkere, verstopte hoeken,
Waar ze zich uren terug kon trekken
Om te zitten piekeren en te denken.
Ik weet niet waar ze die drang heeft opgedaan;
Misschien heeft de natuur zelf haar de waan
van een filosofische geest geschonken.
Of anders heeft ze die van haar meester.
Soms klimt ze in een struik of heester,
Een appelboom of hoge peer,
En vlijt zich daar dan
   behaaglijk neer,
En kijkt naar de tuinman
   die 't onkruid wiedt.
Soms ook vindt ze daar
   haar rust en vrede niet,
Maar in een lege oude
   waterton,
En zit daar zo tevreden
   als 't maar kon;
Als een nimfje in haar
   schelp,
Klaar om aan 't hof
   geboren te worden.

WILLIAM COWPER
(1731-1800)

 # DECEMBER

- 8
- 9
- 10
- 11
- 12
- 13
- 14

NOTITIES

MUZIKALE VOORKEUR

De grote 19e-eeuwse Franse kattenliefhebber, Théophile Gautier, had een kat met de naam Madame Théophile. De kat luisterde graag naar zangers die Gautier op de piano begeleidde. Ze had echter een hekel aan de hoge noten die zangeressen soms zongen. Duidelijk geërgerd door die klanken legde ze dan haar poot op het gezicht van de zangeres en tikte op haar mond, alsof ze haar lippen wilde verzegelen. Een verklaring kan zijn dat het hoge geluid te veel leek op het geluid van een jong katje dat in nood om zijn moeder roept.

DE FIEDELENDE KAT

Een kat kwam al fiedelend van de boot
met een doedelzak in haar poot.
Ze kon alleen maar zingen van
fiedeldomdij
De muis die trouwde met de bij.
Speel, kat; dans, muis;
We vieren een mooie bruiloft thuis.

OUD VERSJE

December

*Kan iemand me uitleggen waarom katten zo vreemd opgewonden raken als je heel hoog fluit?...
Misschien waren er in vroegere, duistere tijden katgodinnen die hun trouwe volgelingen betoverden met hun gefluit, maar dit is niet meer dan een veronderstelling, en de muzikale betovering waarnaar wordt verwezen, is een van de mysteries van de katteziel.*
KARL CAPEK

Antony en Cleopatra spitsen hun oren wanneer ze in de verte gefluit horen.

15

16

17

18

19

20

21

NOTITIES

 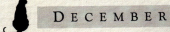 

Argwanende speelkameraadjes

DE MINNAAR, WIENS MAÎTRESSE SCHROK VAN EEN MUIS, VERKLAART DAT HIJ ZICH IN EEN KAT ZOU VERANDEREN ALS HIJ ZIJN ZIN KREEG

Als ik een andere soort kon zijn,
   Wat zou ik dan kiezen, wat wil ik zijn?
Geen vis, geen vogel, vlo of kikker,
   En geen eekhoorn, noch zo fijn.
De vis, de haak, de vogel,
   Aan de lijmstok zou hij hangen.
De vlo, de vinger en de kikker,
   Het kindje zou hem vangen.

De eekhoorn denkt niet na,
   Hij kauwt op slechts een noot.
De gulzige havik loert op prooi,
   En speelt gevaarlijk met de dood.
Nee, liever dan al deze soorten
   Zou ik worden een kat,
Dan zou ik vechten met snelle muizen
   En grijpen de piepende rat.

Ik zou paraat zijn, ja, gewis,
   Wanneer mijn vrouwe roept.
Haar hoeden voor de enge muis,
   In kamer, gang en hoek,
Ook in de warme keuken,
   Zou haar leven niet meer zeker zijn;
Geen erwt zou meer verdwijnen
   Als ik kat zou zijn.

De muis zou sidderen van angst,
   Net als de piepende rat;
Dat is wat er gebeuren zou
   Als ik zou zijn een kat.

GEORGE TURBERVILLE *(1540-1610)*

December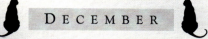

22

23

24

25

26

27

28

NOTITIES

Vrouwen en katten zijn 's nachts beide zwart.
BOSNISCH GEZEGDE

Eeuwenlang zijn vrouwen in positieve en negatieve zin met katten vergeleken. Terwijl jonge-poesjesgedrag als lief wordt beschouwd, worden vrouwen gewaarschuwd hun 'nagels in te trekken' en geen 'kattige' opmerkingen te maken. Het is echter over het algemeen vleiend voor een vrouw om met een kat te worden vergeleken — volgens de kat althans.

Si-Si, een ZILVEREN ABESSIJN,
ligt kwijnend op een trede.

 # December

*Ik ben geen vriend en ik ben geen knecht.
Ik ben De Kat Die Zijn Eigen Gang Gaat, en ik wens
in uw grot te komen.*
RUDYARD KIPLING

29

30
Rudyard Kipling born, 1865

31

NOTITIES

DECEMBER

TREURENDE HARTEN

De auteur Thomas Hardy was dol op katten en heeft er in Dorset heel wat gehad. In een gedicht treurt Hardy om de dood van een van zijn katten; het lijkt erop dat dit gevoel wederzijds was. In zijn laatste levensjaren had de schrijver een blauwe Pers met amberkleurige ogen, Cobby. Toen Hardy stierf, verdween Cobby, alsof hij het verdriet niet aankon.

LAATSTE WOORDEN VOOR EEN STOMME VRIEND

Geen dier is meer betreurd dan jij,
   Spinner met je vlekkeloze kleur,
Pluimstaart en een droevige blik
   Wanneer je dacht aan onze vreemde wegen,
Of buiten je ochtendroep liet schallen,
   De trap op, de gang door
—ingetrokken poten bij je val—
   Terwijl je vol verwachting aan kwam lopen,
En je kromde naar mijn strelende hand,
   Totdat je verkoos te gaan
Je einde tegemoet.
Voor mij geen huisdier meer!
Ik prefereer de leegte van weleer.
Liever kleurloos, dag na dag,
Dan wreed verstoorde vriendschap.
Liever nooit meer dat verdriet,
En liever weg de sporen die hij liet,
Liever zelfzuchtig vluchten in de tijd,
In vergezochte vergetelheid,
Dan zijn beeld bewaren
Met de pijn en het verdriet.

Van de stoel waarop hij zat,
Veeg ik snel de haren af.
Hark zijn smalle paadjes weg
Die hij sleet daar rond de heg.
Ook de nagelsporen haal ik weg
Die hij maakte op de bomen
Waarin hij klom als 't duister naakte
En waar hij wachtte op onze komst.

Vreemd is het, dit stomme dier,
Onderworpen aan zijn meesters plezier,
Voor leven en voedsel afhankelijk
Van onze gaven, stemming en tijd.
Timide kostganger in ons huis,
Zijn bestaan bepaald door ons,
Zou —door in een ademtocht
De veilige en zekere dood te kiezen,
Louter door het aannemen
Van zijn onbeduidendheid—
Meer dan groot moeten oprijzen,
Geschapen als deel, buiten onze wil,
Van de onvergankelijkheid.

Als een gevangene, die opgesloten,
Exerceert op een binnenplaats,
Blijf ik achter, heel bedroefd,
In dit huis, door hem verlaten;
In dit huis, dat nauwelijks
Onder de indruk was van zijn bestaan,
Want hij is verdwenen in het duister
En ik denk aan niets dan hem.

Huismakker, ik zie je in mijn geest
Nog steeds op de vensterbank,
waar je zat het meest.
En daarachter zie ik vaag en loom
Je kleine heuvel onder de boom,
Waar je in de najaarskoelte
Voor altijd rust waar je eens speelde.

THOMAS HARDY (1840-1928)

Sprekende Katten

Er zijn honderden uitspraken over katten, afkomstig uit de hele wereld.

EEN KAT HEEFT NEGEN LEVENS

Een verklaring van deze uitdrukking is dat negen in de Oudheid een geluksgetal was, omdat dit getal de drieëenheid van de drieëenheid is. Omdat katten in staat lijken keer op keer aan gevaar te ontsnappen, scheen dit geluksgetal goed bij de kat te passen. Hoewel in de meeste landen wordt gezegd dat de kat negen levens heeft, bechikt het arme beest in Arabische en Turkse uitdrukkingen maar over zeven levens, terwijl men in Rusland zegt dat hij negen keer de dood overleeft.

Zo rustig als een geleende kat.
JAPAN

De kat die niet bij het gebraden vlees kon, zei dat hij er niet van zou eten, uit eerbied voor zijn vader.
KOERDISTAN

Mijn ziel voelt zo onrustig alsof er een kat op mijn hart stapt.
CHINA

Een man die van katten houdt, zal ook van zijn vrouw houden.
RUSLAND

Als uitrekken rijk maakte, waren alle katten rijk.
GHANA

De kat verbaast zich over zijn eigen staart.
SPANJE

Na een tijdje sluit zelfs de hond een overeenkomst met de kat.
HONGARIJE

De kat is een heilig dier tot de melk arriveert.
INDIA

Als de kat van huis is, dansen de muizen.
ENGELAND

Een welkom kind wordt bemind door een kat.
RUSLAND

Wanneer de kat knipoogt, weet de muis niet wat hij denkt.
SCHOTLAND

Woont er in huis een zwarte kat, staan de vrijers in drommen op de mat.
ENGELAND

Oorspronkelijke titel: Cat Tails Book of Days
© 1994 Coombe Books, Godalming, Surrey, Engeland
© 1995 Nederlandstalige editie: Rebo Productions, Lisse

Samenstelling en tekst Rhoda Nottridge
Lay-out Peter Bridgewater
Fotografie Guy Ryecart
Illustraties Lorraine Harrison
Omslagontwerp Ton Wienbelt, Den Haag
Vertaling Titia van Schaik
Redactie Martha Cazemier
Produktie TextCase, Groningen
Zetwerk Hof&Land Typografie, Maarssen

ISBN 90 366 1029 X

Alle rechten voorbehouden.

Gedrukt en gebonden in Spanje

BIBLIOGRAFIE
CAT'S COMPANY door Michael Joseph (Geoffrey Bless) CATWATCHING door Desmond Morris (Jonathan Cape) IN PRAISE OF CATS door Dorothy Foster (Harrap) THE BOOK OF CATS door George Macbeth en Martin Booth (Bloodaxe) THE CAT'S WHISKERS door Beryl Reid (Ebury Press) THE POETRY OF CATS door Samuel Carr (Batsford) THE TRIUMPHANT CAT door Marmaduke Skidmore (Robinson Publishing) TO MAKE A CAT LAUGH door E. E. Ralphs (Shearwater Press)

De uitgevers zijn dankbaar voor de toestemming delen uit onderstaand materiaal over te nemen:

TOWN CATS door John Webb (Michael Joseph, 1980) met toestemming van Michael Joseph Ltd. THE SILENT MIAOW door Paul Gallico (Michael Joseph), © 1964 door Paul Gallico en Suzanne Szasz. © 1964 Mathemata Anstalt.

Al het mogelijke is gedaan om alle rechthebbenden op te sporen. De uitgevers bieden hun oprechte verontschuldigingen aan voor mogelijke fouten of omissies.

VERANTWOORDING
Speciale dank gaat uit naar de onderstaande personen en instellingen voor de zo vriendelijke en genereuze beschikbaarstelling van de rekwisieten op de foto's.
Katterekwisieten: THE CAT SHOP, BRIGHTON *1, 2, 3, 4, 5, 6, 7, 8, 10, 12, 15, 17, 19, 25, 27, 29, 31, 32, 40, 42, 43, 46, 52, 55, 58, 61, 62, 65, 67, 71, 72, 73, 75, 77, 79, 80, 81, 83, 87, 88, 95, 96, 100, 101, 106, 107*; PEGGY CLARKSON *104*; LYANA LANAWAY *1, 2, 3, 4, 5, 6, 21, 23, 34, 36, 38, 44, 48, 50, 66, 68, 69, 78, 82, 91, 99, 103*. Kant: CHRISTINE MARR *13, 36, 43, 48, 49, 52, 73, 96, 99*; P. PARRY *15, 16, 27.*
Overige rekwisieten: ROSE HOPKINS *13, 28, 55, 63*; PETER HOPKINS *58, 91, 93, 76*; ROSEMARY LANAWAY *65*; KAREN RYECART *32.* Fotoverantwoording:
JEREMY SPALL *8, 11, 14, 17, 20, 21, 22, 24, 29, 33, 38, 41, 46, 49, 53, 54, 57, 60, 64, 73, 74, 78, 79, 89, 91, 92, 93, 97, 101, 102, 103*; FINE ART PICTURE LIBRARY *13, 53, 68, 70, 102.*